从说话害羞
到演讲高手

[西] 埃琳娜·马丁·卡尔沃◎著

王莹◎译

北方联合出版传媒(集团)股份有限公司

万卷出版有限责任公司

著作合同登记号：06-2022年第134号

© ［西］埃琳娜·马丁·卡尔沃　2022

图书在版编目（CIP）数据

从说话害羞到演讲高手 /（西）埃琳娜·马丁·卡尔
沃著；王莹译. -- 沈阳：万卷出版有限责任公司，
2022.9

ISBN 978-7-5470-6035-3

Ⅰ.①从… Ⅱ.①埃…②王… Ⅲ.①演讲—语言艺
术—通俗读物 Ⅳ.①H019-49

中国版本图书馆CIP数据核字(2022)第114636号

"Disfruta en escena y olvida tus miedos"
Elena Martín Calvo, 2020
EDITORIAL DESCLÉE DE BROUWER, S.A., 2020
Henao, 6 – 48009 Bilbao
www.edesclee.com
info@edesclee.com
The simplified Chinese translation rights arranged through Rightol Media（本书中文简体版权经由锐拓传媒取得
Email:copyright@rightol.com）

出版发行：北方联合出版传媒（集团）股份有限公司
　　　　　万卷出版有限责任公司
　　　　　（地址：沈阳市和平区十一纬路29号　邮编：110003）
印　刷　者：天宇万达印刷有限公司
经　销　者：全国新华书店
幅面尺寸：145mm×210mm
字　　数：150千字
印　　张：6.5
出版时间：2022年9月第1版
印刷时间：2022年9月第1次印刷
责任编辑：齐丽丽
责任校对：刘　洋
策划编辑：杨莹莹　闫　静
封面设计：末末美书
ISBN 978-7-5470-6035-3
定　　价：42.00元
联系电话：024-23284090
传　　真：024-23284448

常年法律顾问：王　伟　版权所有　侵权必究　举报电话：024-23284090
如有印装质量问题，请与印刷厂联系。联系电话：0318-5302229

目录

中场休息

第二幕

谢 幕

序幕

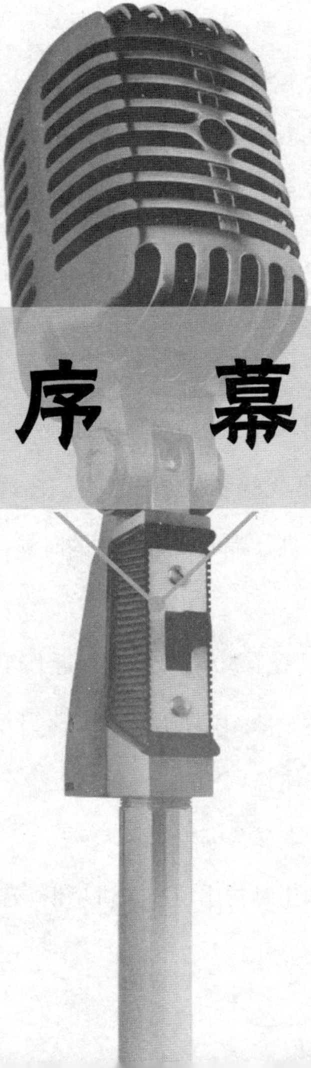

拉开序幕

舞台中间出现一束光。

一位中年女性走到光柱下。她穿着红色休闲装，说话的时候双眼十分友善地注视着台下的观众们。

她向观众们说：

大家好！

在座的各位，非常感谢和欢迎大家的到来。我叫埃琳娜，接下来我要和你们分享我的经验——当我们在舞台上演讲、演舞台剧、讲故事、弹奏乐器、唱歌或者跳舞的时候，要如何取得观众的信任。

我做喜剧演员已经有30年了，直到近几年我才从事培训的工作。我教授过幸福课、戏剧课，以及如何公开演讲等课程，这对于我来说是一个幸福的体验。

我为什么要写这本书？

我对学表演的学生时常出现的演讲恐惧感到好奇，其中也有很多人对我倾诉他们在公众面前表演和展示自己时所感受到的恐惧。因此，我花费了很多时间研究怎样克服恐惧。

我发现在公众面前讲话、在公开场合表现，需要我们在别人面前表达我们是谁以及我们是怎样的，与此同时，还需要良好的认知能力、思维模式、人际交往能力以及身体素质。

产生演讲恐惧的原因有很多。有些人是在童年时期缺乏安全感和不被人尊重，害怕被批评和过多的自我要求。

有些人曾在演讲台上有过一些糟糕的经历，之后也没有对此进行妥善的处理，从而留下了一些心理创伤，阻碍了他们事业的发展。在我作为演员的生涯中以及在我的培训课上，我发现了很多这样的人。

我回顾了这些糟糕经历中的每一个问题，找到了处理这些问题的实用方法。这些方法相互关联，因此一起学习和练习是至关重要的。

为了得到更多数据，我对演讲恐惧现象做了两个调查，其中一个是对50位艺术家的调查，另一个是对100位来自不同领域、不同职业的人们的调查。这些数据是非常具有意义的，证明了演讲恐惧是真实存在的。

在此，非常感谢那些坦诚参与调查的人们，他们都有着伟大的灵魂。

我们总会遇到在公众面前讲话的情况，没有经验的人就会对此感到恐惧。然而，调查显示，有经验的人反而比没有经验的人更易产生演讲恐惧。

根据演讲者表达的方式和内容，公众演讲应该被定义为一种说服力，因为它能够说服、感染观众。

在一些国家，孩子们从小就开始练习演讲，有些中学和小学正在逐渐增加演讲教育的课程。据说这是为了摆脱演讲恐惧的最新的方法。

如果真是这样的话，那么所有在校园练习过演讲的人都可以免于恐惧，但是事实并非如此。

虽然我认为让孩子们从小适应竞争，学习处理人际关系是非常有必要的。但是，想要克服演讲恐惧，人们还需要做得更多。

我作为演员，能够和同伴在应对各种场景、面对观众时如鱼得水，然而当我离开舞台，却没有能力和别人交往。

当我们能够掌控一切时，我们会更有安全感。有些人在少数人面前交流感觉更加有安全感。而有些人会感觉跟很多人交往更加容易，这也许是因为，当别人注意他们时，他们更有掌控全局的感觉。

在有些情况下，我们会因对对方了如指掌，害怕说出使其伤心的话，所以停止表达自己的观点，停止表达自己的所想和所需。

回到之前那个话题。有的人认为在和少数相似的人交流时，感觉到能够掌控全局；而有的人认为在很多人面前交流更加有安全感。这两种类型的安全感受不同的因素影响。

我将在这本书中讲述改善公开交流的方式。

除非你是一个隐居在深山的隐士，否则在公开场所与人交流是必不可少的。即使我们不是表演艺术家，也会在生活中的某些公众场合展示自己。例如，公开在法庭上出庭，应聘时的面试，工作报告演讲或论文答辩，参与讲座或论坛的演讲，在朋友的婚礼上致辞，等等。如果你是一位律师，你将要帮助你的客户出庭打官司；如果你是一位老师，你将要在课堂上授课。

因此，这本书适用于每一个需要在公众面前交流的人。无论你是第一次公开演讲，还是已经有了多年的经验。

应该怎样定义本书呢？这是一本模拟一场舞台剧的书，分为序幕、第一幕、中场休息、第二幕和谢幕。阅读本书的读者就像亲临表演现场的观众。

这本书的结构是怎样的呢？每一节包括三种类型的内容，这三种类型的内容相互关联。

第一种类型的内容是故事。我将在每一节、每个场景里融入一个发生在我自己身上的故事。有些故事情节比较极端，甚至可以被称作灾难。如果知道了这些令人惊讶的情况，就能了解观众的喜好。

当观众去听一堂讲座、看一场剧，或是听一场演唱会时，虽然他们不一定期待完美，不一定要求没有冷场，但是表演者会期待完美。

我们时常期待，当一件无法预料的事情发生时，观众们能去欣赏它，认为这是他们独一无二的体验。然而，观众们的反应通常是严酷的、刻薄的、无情的，我们对自己的评论也是如此。所以，我会在本书中讨论如何解决冷场的问题。

在每一节的故事中，为了不暴露具体当事人，我改变了故事的一些细节，但这些故事都是真实发生过的。

第二种类型的内容是理论。我将给大家解释一些我认为很重要的理论，这些理论会结合实践分享给大家。我们总是想要让自己做出改变，而没有好的实践和理论是很难实现的。

荀子说过："不闻不若闻之，闻之不若见之，见之不若知之，知之不若行之。学至于行之而止矣。"

一件事应该做千百遍，直到我们的大脑记住这种模式，让大脑认为这对于我们来说是个既定事实。

所以，第三种类型的内容由练习和游戏组成，有些是我原创的。

这些练习将呈现在一个专栏中，为了能让你快速识别，在每个练习的前面都有一个铃铛的图标。

我们现在就开始吧！在头脑中想象这个铃铛的声音。这是一个愉快的声音，闭上眼睛，然后聆听……

感谢不一定要用传统的方式来表达，所以，我要感谢出现在我的书中的人。他们都曾站在舞台上，在公众面前谈论、交流。

如果你是与我相熟，或是与我很亲近的人，你可能会以不可思议的方式出现在本书中。

如果你没有出现，我同样也会感谢你在我生命里出现过。就像奥斯卡·王尔德所说，我们将在我的下一本书中相见。

你能想象我就在你面前吗？你能听见我的声音吗？

你能凭借着意念的能量，感受这些内容带来的巨大力量。

我希望你有一个深刻的、愉快的体验。

好了，我们开始游戏吧！

请期待我们的第一幕。

埃琳娜离开了舞台。

灯光熄灭。

第一幕

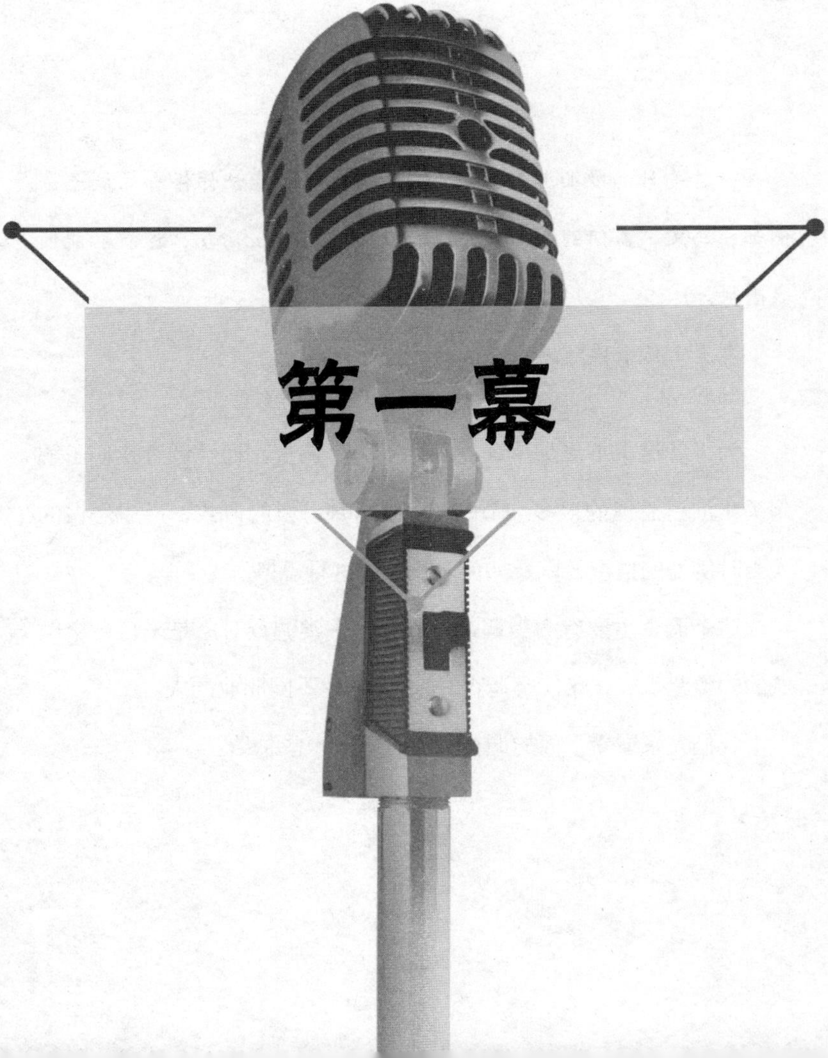

关于演讲恐惧的调查数据

一首美妙的歌曲开始了。（请你想象一个能让你振奋的调子，例如，马文·盖伊的 *Ain't No Mountain High Enough* ，这首歌能使我愉快。）

舞台上传来埃琳娜的讲话：

为了使这本书更加严谨，我做了一个调查。通过调查我们了解到关于演讲恐惧的很多细节——表现这种恐惧的方式，产生恐惧的人当时所处的情况，以及如何才能摆脱这种恐惧。

这个调查主要有两类调查对象：第一类调查对象是来自各个领域的50位艺术家，第二类调查对象是100位不同职业的人。

我们先来看看下面的调查数据，以及一些总结。

问题1　你在演讲时感到过恐惧吗？

回答	概率
经常	21%
偶尔	47%
从不	25%
其他答案	7%

在接受调查的人当中，有68%的人有过演讲恐惧，其中有21%的人会经常发生，有47%的人会偶尔发生。只有25%的人从未出现过演讲恐惧。其余7%的人出现的是眩晕或其他感觉。

你在演讲时感到过恐惧吗？

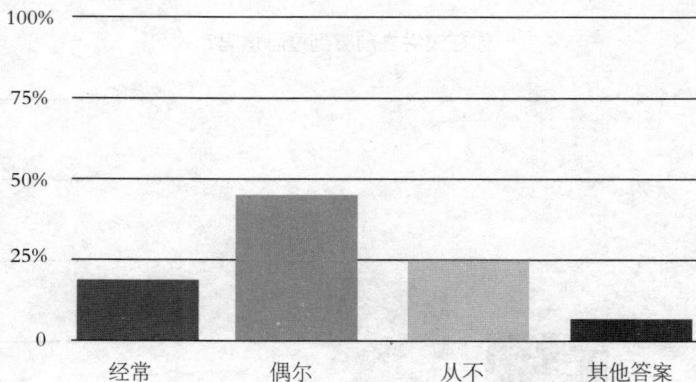

问题2 你在演讲之前感到过恐惧吗?

回答	概率
经常	29%
偶尔	47%
从不	19%
其他答案	5%

在接受调查的人当中,有76%的人在演讲之前会产生恐惧,其中有29%的人经常会有恐惧,有47%的人偶尔会有恐惧。有19%的人从来没有这种恐惧。剩下5%的人说他们感到激动、紧张等其他情绪。

你在演讲之前感到过恐惧吗?

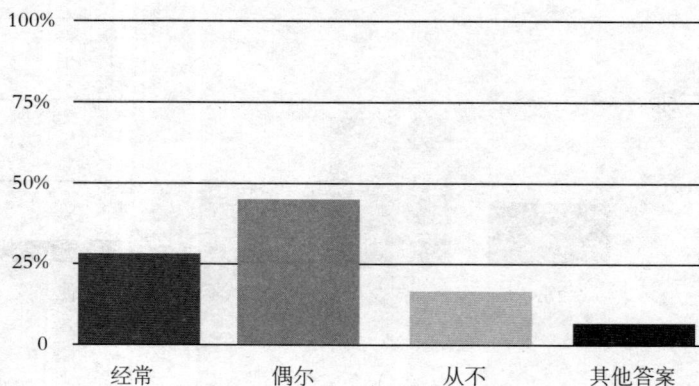

问题3　这种恐惧是否使你在瞬间大脑一片空白？

回答	概率
经常	10%
偶尔	25%
从不	60%
其他答案	5%

在此项调查中，有35%的人会在恐惧前后的瞬间大脑一片空白；有60%的人从未有过这样的状态；有5%的人有其他答案，例如他们的声音会颤抖或者会出现其他现象。

这种恐惧是否使你在瞬间大脑一片空白？

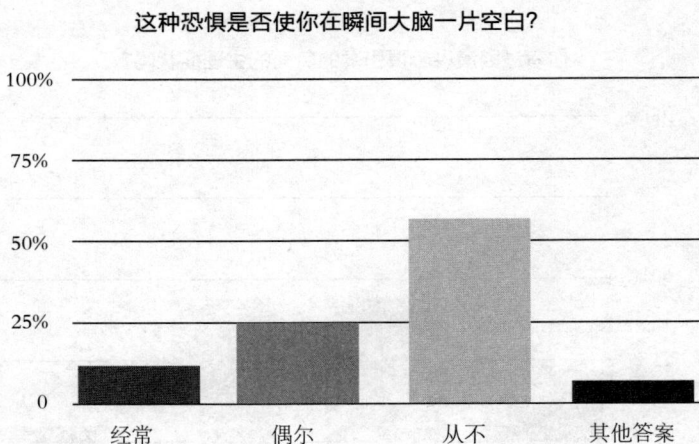

问题4　你有过因演讲恐惧引发的负面的生理症状吗？

回答	概率
经常	8%
偶尔	44%
从未有过	45%
其他答案	3%

　　有52%的人表示有过负面的生理症状，如出汗过多、恶心、腹泻等；有45%的人从未有过任何生理症状；有3%的人回答说他们有过心跳加速之类的生理症状，但这种兴奋的感觉对他们的影响是积极的，且很少出现，甚至会迅速消失。

你有过因演讲恐惧引发的负面的生理症状吗？

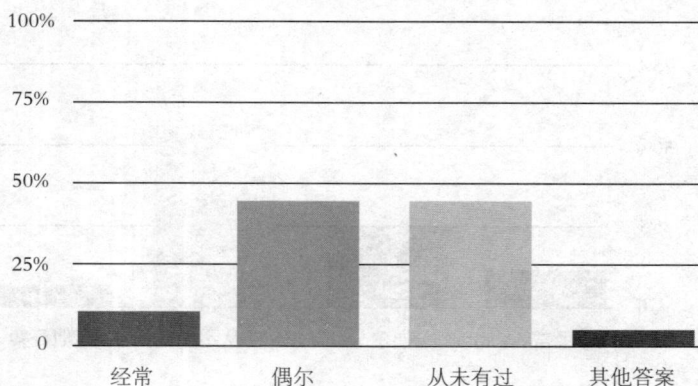

问题5 你是否采取过某种措施来减轻恐惧？

回答	概率
没有措施	53%
做放松运动	6%
呼吸训练	31%
其他答案	10%

有53%的人回答的是没有采取任何措施。有6%的人回答说做放松运动。有31%的人回答通过呼吸训练。剩下10%的人说这些方法对他们有用：对自己充满信心、提前做好演讲准备、自我肯定、喝酒、冥想、在手上抓点儿东西等。

你是否采取过某种措施来减轻恐惧？

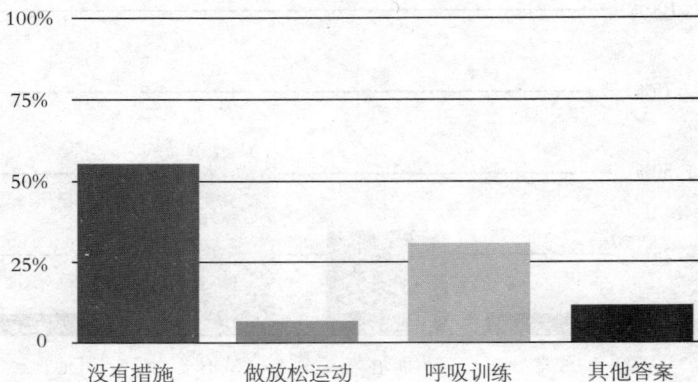

问题6   你是否苦恼于公众演讲？

回答	概率
经常	5%
偶尔	30%
从不	61%
其他答案	4%

在是否苦恼于公众演讲这个问题上，有5%的人回答经常为此苦恼；有30%的人回答偶尔出现这种苦恼；有61%的人从未有过这种苦恼；剩下4%的人觉得自己本来可以表现得更好，甚至因此服用过抗焦虑的药。

你是否苦恼于公众演讲？

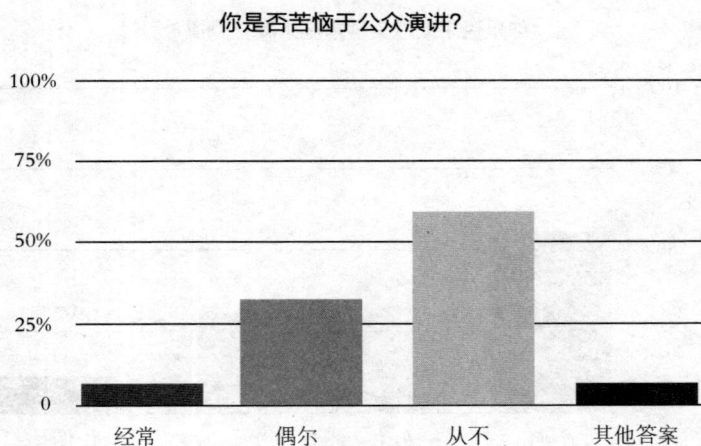

问题7　你做过关于公开演讲的噩梦吗？

回答	概率
经常	0
偶尔	17%
从不	81%
其他答案	2%

　　对于是否做过关于公开演讲的噩梦的问题，有17%的人回答偶尔会做；没有人经常做；有81%的人回答说从未做过相关的噩梦；有2%的人给出了其他答案。

你做过关于公开演讲的噩梦吗？

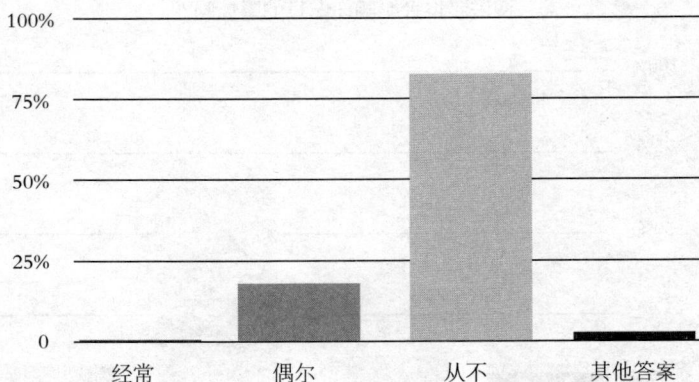

问题8 演讲恐惧会影响你做其他事情吗?

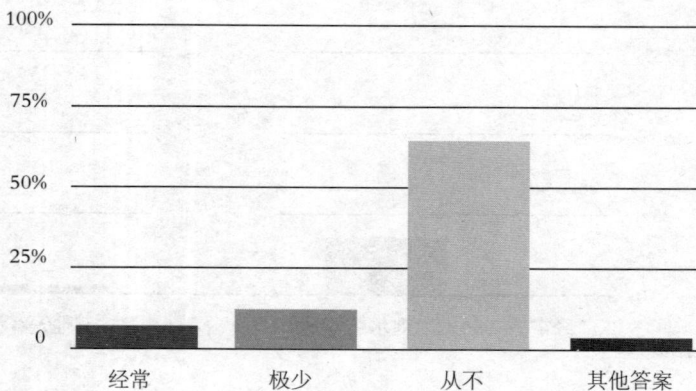

回答	概率
经常	11%
极少	15%
从不	69%
其他答案	5%

接受调查者中26%的人表示,演讲恐惧会给他们造成某种阻碍,其中有11%的人经常出现此类情况,其余15%的人会在极少数情况下受到影响。有69%的人回答说这种恐惧未对他们做某件事造成阻碍。有5%的人回答说,为了阻止这种恐惧,自己尽量避免做公开演讲。

演讲恐惧会影响你做其他事情吗?

100%

75%

50%

25%

0

经常　　　　　极少　　　　　从不　　　　其他答案

问题9　你会持续感到此类恐惧吗？

回答	概率
经常	27%
偶尔	10%
随着时间的推移而发生	12%
其他答案	51%

在关于是否会持续感到此类恐惧的这个问题上，有27%的人回答经常会；有10%的人认为是偶尔发生的（如在面对糟糕的经历时）；有12%的人认为是随着时间的推移而发生的；有51%的人有其他更详细的答案，例如仅仅在刚刚开始演讲时会发生。

你会持续感到此类恐惧吗？

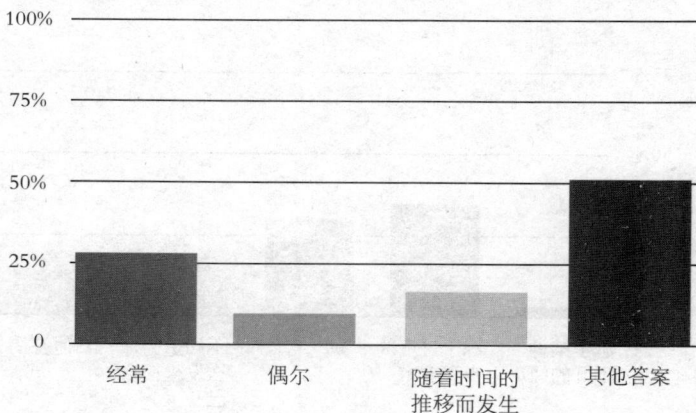

问题10　你是因何产生恐惧或不安的?

回答	概率
源于某种不好的经历	3%
源于过度的自我要求	36%
缺乏自信	33%
不知道为什么发生在自己身上	13%
其他答案	15%

关于产生的原因,有3%的人是有过某种不好的经历,有36%的人是因过度的自我要求,有33%的人因为缺乏自信,有13%的人不了解其中的原因,剩下15%的人认为是因为没有事先准备好或缺乏实践等。

你是因何产生恐惧或不安的?

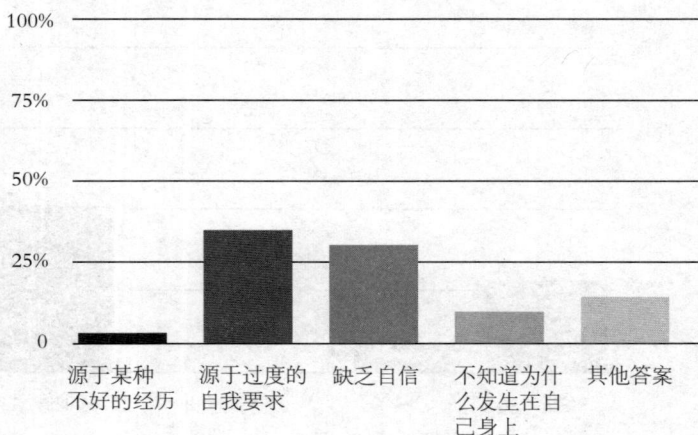

总结

· 目的

此项调查的目的是了解在公众前演讲、交流和表演所产生的恐惧。

除了了解恐惧的程度，我还获得了一些具体的数据，这些数据能够帮助我来确定本书的主旨，给正在遭受演讲恐惧的人们带来信念和安全感，让他们能够享受演讲。

· 调查对象

参加过公开演讲的人。

· 调查人数

100人。

· 调查数据

在做本次调查之前，我已经做了一个50人的调查，他们都是艺术家。其中一些人把恐惧定义为职业当中必然会遇到的。在本次调查中，也有艺术家强调过这一点。这种恐惧有积极的一面，因为它预示着责任、需求、幻想和活力，所以被定义为积极的压力或焦虑。

在艺术家中，忧虑感和烦恼感大大增加。

这可能是因为艺术家群体产生的理性信念，他们的工作成败取决于每次演讲。的确如此，艺术家们是一个生活在舞台上的群体，可以理解为他们比其他群体所承受的压力更大，长期在公众面前曝光造成了他们对生活的恐惧。但值得强调的是，此次调查对象所表现出的恐惧程度比艺术家群体的要严重，恐惧率为68%，而艺术家群体的恐惧率为40%；76%的人会提前感到恐惧，而艺术家群体的这一比例为57.5%。同样，因此恐惧而丧失生活能力的人有26%，而艺术家群体的这一比例为15%。

此类现象可以确定的是由于艺术家群体拥有实践和经验，以及他们找到了可以减轻此类恐惧的方法。大部分艺术家说他们已经找到某种方法，而且在公众面前演讲前或多或少地成功用过这些方法。

在这两项研究中，出现生理症状的比例是相同的，均为52%。

有趣的是，在艺术家群体中，我没有发现缺乏经验和演讲恐惧之间存在关联。相反，随着时间的推移，承担的责任越大，并且对于演艺事业越加专注，恐惧感也会随之越强。

然而，当前调查的样本里面，他们会经常担心由于缺乏实践或经验不足而产生恐惧。

·结论

我从此项调查中提炼出的结论是，人们在公众演讲时普遍存在演讲恐惧。

在某些情况下，这种恐惧从生理上简单的不适发展到对人造成严重伤害的障碍。这种障碍将会变成一种困扰，并产生压力和一系列的其他伤害。例如：失眠；产生皮质醇和儿茶酚胺（如肾上腺素），引发血压升高、心率加快、头疼、出汗过多以及恶心；注意力难以集中；等等。

当那些可以选择不在公众面前演讲的人出现了这种恐惧，就会选择逃避。这样不仅会阻碍他们工作的晋升，还会阻碍他们表现自己、分享交流问题，甚至阻碍正常的社交。

在本书中，我们还发现，某些人认为，导致这种恐惧的原因是缺乏准备和经验，以及有过不好的经历。

当我亲自接触到大量有演讲困难的人，以及整理调查数据时，我被震撼到了，他们本该在演讲中表现得更自然和愉快。

在某些情况下，一些调查对象认为这种恐惧是正常的，而且这种恐惧可以带来积极的影响。

在我看来，这种恐惧感、不安和压力，并不能带来积极影响，相反它们还会妨碍人们全神贯注地、流畅地和愉快地交流沟通。演讲这项工作本该以专业的、负责的方式去完成，并且能在工作时享受其中。

同样令人震惊的是，有53%的人尚未找到减轻这种恐惧的有效方法。而其余47%的人会使用以下办法：呼吸训练，放松运动，冥想，自我肯定，积极的努力，淡化事件的重要性，做好充分的准备，对自己充满信心，饮酒，服用抗焦虑药，否认恐惧，依靠情感，与外界隔绝，在手上抓着某种东西，等等。

高曝光：建立演讲自信

舞台亮起晨曦般的微光。

背景变成街道。

埃琳娜从中走来，温柔地说：

大概在10年前，我在马德里表演了一部喜剧。这期间在我身上发生了一件趣事。

有一天，为了庆祝多场表演观众爆满的盛况，我们决定去吃海鲜大餐。在我不知道自己能不能吃海鲜的情况下，我当时就像一个基多。（据说，曾经有一个名叫基多的人到市政厅赴宴，吃了很多海鲜，但是他对海鲜过敏，在几天之后就因严重的海鲜过敏而死去了。）

在海鲜大餐的大概2个小时后，我感到非常不舒服。那天晚上，我们有两场表演，而且那天是周末，我们有义务让观众度过一个愉快的周末。

就在拉开帷幕的那一刻，我感到一阵强烈的恶心。一有机会，我就会钻进舞台待演区呕吐。

我感觉越来越难受，于是求助剧务："麻烦请在舞台上我能够到的位置放一个垃圾桶吧，方便我呕吐。"于是，在接下来3小时的表演时间里，我几乎每隔几分钟就得去"拜访"一次特意为我摆放的垃圾桶。

终于在第一幕结束的时候我能休息了。愚蠢的我还想继续表演，而我的同伴们看到我这样的状态都不想让我再继续表演下去了。我感觉糟糕透了，为没有完成好表演而深深自责：丢下了满座的观众们，抛弃了还没有完成表演的同伴们。很多同伴坚持要陪我去看急诊。诊断结果是吃了变质的虾而食物中毒。尽管这场表演的票都卖光了，但是我们不得不取消第二幕的表演。

剧院能做的仅仅是给了第一场的观众一张优惠券，让他们能改天再来看演出。而第二场的观众，只能给他们退票了。

我内疚和自责地躺在医院里，同伴们在候诊室里讲各种笑话逗我开心。虽然在当时他们的笑话没能让我好起来，但我在心里深深地感谢他们！

突发身体或心理不适应该怎么办

我们可能因为生病或感到不适而无法完成工作，遇到这样的情况应该怎么办？虽然这听起来像是为了逃避而在撒谎，但事实上，身体或精神上的不适总会造成困扰。

当我们处于紧张状态时，我们的大脑和肾上腺会产生肾上腺素。这种物质在生理和心理上赋予了我们力量，触发本能的生存机制。这就是在有压力或激动的时候，我们发现自己会做不可思议的事情，例如刚记住一段台词或进入一个角色，就出去呕吐。

那么，责任和执着的极限在哪里？在通常情况下，其实我们对自己的要求过高了。

尽管我们处于毫无他法的困境中，可是取消我们承诺好的工作似乎是不可接受甚至无法想象的一种行为，如果我们尽可能地信守承诺，这对所有人都是有益的；如果我们不能信守承诺，将会令其他人感到困扰。

几天之后，我的同伴意识到了我对这件事情感到非常困扰。他们担心我会在舞台上晕厥，甚至发生更糟糕的事情。

如果继续出现这种情况，我们最好灵活地适应当时的情况，并在适当的时候寻求适当的解决方法去弥补它，或者是相信他人能够帮助我们去完成那项工作。别人的想法不能使地球停转，不能使我们的事业毁灭。放开手去这样做吧。

在某些情况下，我们仿佛必须表现得自己很强大，表现得自己很完美。然而事实上根本不需要我们去表现什么。

如果我们不知道怎样做才能做到最好，或者我们做不到完美，那就真诚地、谦卑地承认并接受这一事实。

从街道传来的声响停止了。

一切归于宁静。

FPT[①]心理测试

明亮的灯光再次亮起，就像夏日里的阳光。在舞台上，出现了两把可折叠的沙滩椅，埃琳娜正坐在椅子上，戴着一顶大遮阳帽和墨镜，穿着美丽的连衣裙，披着布满鲜花的丝巾。

她取下了墨镜，说：

不同的皮肤在公开演讲中有不同的隐喻，所以我制作了一个测试，通过这个测试，我们可以了解自己是哪一种皮肤，有哪种特质，进而增加自己的优势。

① The Four Personality Types，即四种人格类型测试。

苍白的皮肤，可以被看作缺乏经验或是敏感人群特有的。

灼伤或烧伤的皮肤，这是在没有保护或者治疗的情况下曝光自己导致的。

白皙的皮肤，有较少经验，虽然做过某种保护措施，但是不能避免风险以保证演出的完美。

黝黑的皮肤，有经验的人在有风险的情况下曝光自己，虽然这可能导致一些更严重的伤害，但能很好地处理突发风险。

下面是我制作的测试表。填表时一定要诚实，这一点很重要。

埃琳娜在公众面前展开并摇晃一个巨大的沙滩巾，她身后的屏幕上出现了一个表格：

得分	一点都没有（0~2分）	一点（2~4分）	有些（4~6分）	非常多（6~8分）
当别人嘲笑你时你感到恐惧				
你非常在意别人对你的看法				
和别人在一起时你感到非常不自信				

得分	一点都没有 （0~2分）	一点 （2~4分）	有些 （4~6分）	非常多 （6~8分）
受到攻击时你非常恐惧				
表现自己对于你来说非常困难				
你经常感到内疚				
你需要掌控感				
你很难原谅自己、原谅他人				
你需要感到被重视和认可				

把所有的得分都加起来。

请注意，分数之间有很大的差异。如果你得分为36分，虽然你进入了FPT50，但是更接近FPT30。

FPT12阶段：得分在8分到12分。你有黝黑的皮肤。你是一个自尊心非常强的人，很容易适应变化，有时候你会暂时被某种想法所困扰，阻碍或干扰你在舞台上的表现，并会为此感到担忧。使用"情绪过滤器"会有帮助，它可以处理扭曲的想法、增强自信心……无论你是否有与公众打交道的经验，你自我认识非常好，你非常肯定自我价值，有能力接受你自己的表现，可以接受意外情况。

FPT30阶段：得分在12分到30分。你拥有苍白的皮肤。有些时候，你享受舞台，或者享受舞台前的准备工作。但你没有深入地研究某件事情，或者是同伴的责怪触动了你的自我审判。你感到很后悔：我不应该那样，我应该这样……这成了你垂头丧气的原因。我建议你应该放弃使用"我需要""我应该"，把这些词语替换成"我想要""我更愿意""我希望"。

FPT50阶段：得分在30分到50分。你拥有灼伤或烧伤的皮肤，需要更多的保护。你需要保护自己、认识自己、接受自己、原谅自己、肯定自己，用同理心来工作。可能你在演讲时被内心的批判而掌控了，而你却没发现。我们一起来吧，来给你一个长假放松自己。

满分阶段：得分是50分到72分。你拥有白皙的皮肤，现在是你投身于工作的时候了，带着愉快的心情和充分的准备。好消息是你有能力做很多事情，工作的关键在于坚持，而这一点也是很有趣的。

这个测试只是一个参考，为了让你在那些可以加强的方面去反省。记住，重要的不是看，而是做。虽然我们在这里提到的一些问题可能对你来说很无聊、很幼稚、很可笑，或者你认为自己已经能够掌控大局了，但是我建议你还是打起精神去做、去练习，把这些建议用到你的生活中去。

害怕和抵制改变自己

一个观众站起来，提问：

"当一个人害怕或抵制改变自己，而且他自己没有察觉到这点的时候，应该怎么办？"

问完后他坐下。

非常感谢您的提问。

我是不赞同这种自我抵制的，这会导致我们做错一些事情，从而阻碍我们晋升、变得更好和得到幸福。我认为没有一个人不想得到幸福。

如果我们害怕改变，不是因为我们不想得到更好的东西，而是因为我们怕在过程中出错，从而在心理上抵制这种未来的痛苦。

这种自我抵制的想法，使我们的身体在责任的重压下生病。我们应该有意识地停止为自己、为他人竭尽所能的想法，这些想法使我们感到自责。

我们一直在尽力做到最好，一直在追求一次比一次更好，一天比一天更幸福。我们不知该怎么做，或者害怕在这个过程中失去一些重要的东西。于是我们选择跳过恐惧。在跳过恐惧的过程中，我们感觉到失重，感到失去自我控制的能力。

有时候你需要跳过一个困难才能进入下一个阶段，尽管没有人给你架好桥梁让你通过，也没有安全绳来固定你，但是有人会微笑着在路的另一头等着你。

她看向刚刚提问的那位观众。

我就在这里。

接纳真实的自己

接下来的内容，可以帮助我们在公开演讲时保护自己，提高我们的自信心和自尊心。

首先我们要走进自己，保护自己，接纳自己真实的样子。

这种概念就像是让我们剥去自己的外壳，然后接受自己看到的真实自己，而不是什么都不做。

面对观众进行演讲，没有什么事情可以引起我的恐慌，即便身处某些非常艰难的时刻。

这不是我对演讲满不在乎，甚至轻视遇到的困难，而是当我们陷入困境时，更需要勇敢地面对这一刻，并且给它恢复的时间和空间。

还有更糟糕的事情吗？

当然有，更糟糕的是，谁会嘲笑我。好吧，我并不能控制别人的嘲笑。

失去我的代理人？世界并没有崩溃。我想这不是有史以来第一次发生。

对我来说有什么呢？我肯定还会有更多机会的。

退票给观众们又能怎样呢？这种情况时有发生，又不会有人因此而死去。

还有很多类似的例子。问自己一个你遇到过的麻烦。

通过冥想放松自己

有一个很棒的方法就是冥想。如果要讲冥想，那就得另外写一本书了。我亲爱的安德鲁·伊巴内兹知道的比我多得多！

在《建造一个灵魂》一书里，他向我们阐述了我们存在的真正层面，我们可以通过冥想到达这一层面。无论你是这个领域的初学者还是专家，这个方法都可以给我们很好的指导。

他在这本书中写道："有很多冥想的方式，而重要的是每个人需要找到适合自己性格的冥想方式。"克里亚瑜伽使用克里亚方式，纳达瑜伽使用声音疗愈。有些人使用任何方式也没有办法冥想，他们甚至不能花10分钟的时间坐下和安静下来。这类人必须通过另一种物理的冥想法来锻炼：哈他瑜伽、气功、武术、汗蒸等。专注于日常活动并有意识地去做这些事情（整理床铺、做饭），也是一种冥想的方式。

冥想可以让我们进入正念，训练自己的注意力和认知能力。正念并不神秘，已经被很多人接受。我认为进入正念是一个非常有效的摆脱演讲恐惧的方式，能够让我们更加专注于身体、精神和情感。

根据《初学者的正念》的作者乔恩·卡巴特-津恩的说法，正念是"有意识地不加评判地关注当下"。每天花几分钟来做正念训练，对我们面对生活中的某些事情是至关重要的。在公开演讲前花几分钟的时间来做正念的训练，可以从根本上改变我们的状态。

我们不需要刻意去做什么，只需要简单地保持我们的状态，只需要不加评判地观察我们的现在。这两种习惯可以让我们的意识与我们自己联结在一起，让我们进入一种平静的状态。

你能感觉到你自己。

在那些时刻会经历什么？

当我成为我自己的时候，我的感受是什么？

我会发现自己在微笑。我感到这个表情轻易地出现在我的脸上，而且是自然发生的。我的眼睛闪闪发光，我感觉到了眼里的光辉，并充满了泪水。一直存在的烦扰离我越来越远，直到消失不见。

我感觉到别人是我的延续。

因此，没有区别，没有距离，没有隔阂。他们不会比我更好或者更坏，因为他们是我的一部分。聪明的部分，善良的部分，痛苦的部分，悲伤的部分，迷惑的部分，光辉的部分，绝望的部分。

我知道他们也会用同样的方式来感知我，我发现他们能够通过看到在我身上发生的事情来缓解自己。

当我成为自己的时候，我没什么好羞愧的。我可以躺在地上、跳舞、拥抱、讲述我所感受到的事情，因为我是无罪的。更确切地说，我觉得我属于纯真的一部分。

我的心是敞开的。我用心去听、去看、去感受，发现所有的事情都很有趣。我感到我的眼睛就像一个巨大的透明球体，可以接收任何事物。

我不觉得自己重要或者渺小，也不觉得我漂亮或者丑陋，总之不好也不坏。我不去想自己是怎样的，也没有一丝担心的苗头，因为我有非常充足的信心。

我感到充满力量和生命力。

当我活在自己的世界时，我感到振奋。我会做一些、说一些有趣的、美好的、深刻的事情。我能够流畅地说和写，然后我发现我在说一些自己都不知道、不了解的事情。

当我成为自己时，我感到愉快。

我会经常遇到一些有趣的事情需要我去做。生活让我感到激动人心。

有人说，冥想能够使大脑停滞，是我们思考过程中的一个间奏。它使我们活得更加清晰明白，与我们的灵魂更加紧密地联系在一起。在冥想时，意识处在一个没有任何杂念的状态。这个状态寂静且充实。

冥想的方法很简单，也很常见，我经常在持续的呼吸练习中冥想。

🔔 呼吸练习

在一个你觉得舒适的地方放松下来。如果你是坐下的，尽量把背挺直。确保你的衣服没有使你感到紧绷或者不舒服。你可以闭上眼睛或者保持眼睛半睁。现在，感受你的呼吸。如果你将注意力转移到呼吸上，它就开始发生改变。你不用担心。你只须感受空气是怎样呼进和呼出的，注意并专注于生命的流动。

呼进……呼出……

当平常琐事跳入你的思想时，简单地让这些琐事溜走，不要执着于它们，然后继续把注意力集中在你的呼吸上。

一次又一次。

使用腹部呼吸（也叫隔膜呼吸）对进入冥想是有帮助的。如果你还不知道这种方法，接下来可以学习一下。

这是婴儿的呼吸。如果你观察一个睡觉的婴儿，你会看见他的腹部是怎样跟着呼吸的节奏起起伏伏的。

随着时间的推移，成年人会克制这种能力，我们几乎只是表面地在呼吸，只是用了位于身体上半部分的肺来呼吸。

这种呼吸方式叫作腹部呼吸，但这不是说用腹部来呼吸，而是如果我们用肺部全力呼吸，当肺部的下端膨胀起来的时候，呼吸更深长而缓慢，腹部也会随之扩张。

这种呼吸有很多好处，例如改善心血管功能，减少体内炎症，帮助新陈代谢正常运作，平复情绪，以及减轻疲劳。

通常情况下，当我们呼吸时，胸口就会起伏，但这种呼吸只会使肺部膨胀。

🔔 腹部呼吸练习

训练腹部呼吸时，你可以躺下，一只手放在胸口，另一只手放在肚子上。感觉你的肺部充满了空气。你可以想象一下你的肺是一个玻璃杯。

通过鼻子来深呼吸，空气首先充满肺的下部，就像水一样，直到它注满整个肺部。

然后，轻轻张开嘴唇，用放在腹部上的手轻轻按压使肺部从下往上慢慢排空。

当你躺下练习腹部呼吸的时候，你觉得自己很放松吗？其实这种呼吸本身就是一种放松的方式。

在书店你可以找到更多关于放松方式的书，接下来分享一个最快的放松方式。

🔔 快速放松练习

> 找到一个能使你身体感到放松的物体。我把它叫作"放松标志"。
>
> 它可以是你经常带在身上的某个东西，例如，你的手表、戒指和项链，或是你左手的小拇指的指甲，又或是你手腕上的痣，等等。
>
> 慢慢呼吸并凝视着那个标志。然后想着：我要放松我自己。同时释放空气，慢慢放松身体的所有肌肉。
>
> 深呼吸三次。

你可以经常做这种放松练习，使大脑建立一种联系，注意观察这个放松标志会触发更深层次的放松。

当你面对观众的时候，你想要抛弃"我害怕"或者"我紧张"的思想，但是这种恐惧不会消失，反而会更加剧烈，大脑也会激发这种恐惧。

快速放松是一种可以帮你瞬间摆脱恐惧的方式（正如它的名字所暗示的那样）。

她起身，走到了舞台中央。

现在，我邀请一位志愿者到舞台中央，来给大家示范这个练习。

比如说，你来吧。（我指向了你，你来到了舞台。）

非常感谢你，你的名字是？

……（你说你的名字。）

非常高兴认识你（你的名字）。请坐在我旁边的这把椅子上。

两个人都坐下。

在开始之前，我想问下你之前是否做过某种放松练习。

……（你回答。）

非常好，我们来向大家展示一下是怎样做的。我已经选好了右手拇指作为放松标志，你呢？请记住放松标志可以是任何一个东西，我建议你选一个经常陪伴你，在你闭上眼睛看不见的时候以及黑暗的时候都能感受到的。

我的放松标志是……（你回答。）

非常完美。这个标志选得真好。现在，将你的注意力集中在你的标志物上。我和你一起做。看这标志物的同时我们一起来吸气。然后，当我们呼气时，我们要说"我放松了"来放松自己，通过这种意念的力量，放松我们身体的各个部位，让我们开始吧！

两个人慢慢地、深深地吸气，同时注视着各自的标志物，然后呼气……

我放松了！

非常好，你做得非常棒。热烈的掌声给……（你的名字。）

观众们鼓掌，十分激动。

非常感谢，你可以回到你的座位了。

我们正在寻找一些能够让你在生活中运用的"情绪过滤器"，让你享受在舞台上演讲。

练习冥想和正念，使心灵得到安静。

学会正确地呼吸和放松。

肢体语言也能表达自信

埃琳娜站在观众面前。

背挺得很直，肩膀非常放松，双腿非常自然地分开，并且非常牢固地被脚支撑着，脚固定在地面上。

胳膊和手自然地做着一些动作，用肢体语言来补充她说的话。

肢体语言是一个使自己感到自信的方法。我时常会遇到有些人的肢体表达出现障碍而他却没有察觉。身体会告诉你它的感受是什么。有时我们会强迫自己说出一些口是心非的话，通过错误的方式隐藏真实的感受。我们为此感到困扰，却不知道这种困扰从何而来。

当你想要通过语言进行表达时，先观察身体在表达什么是非常有必要的。这样可以让你的沟通变得顺畅，增强你的能量和安全感，让观众能够准确无误地明白你想要表达什么，感受你的自信。

根据交流沟通专家的说法，传递到某个人那里的信息可分为三个部分。有55%的信息是通过非语言传播的，38%的信息是通过说话时的语调传播的，只有7%的信息是通过语言传播的。

通常我们发出的和接收的非语言信息都是通过一种无意识的方式发出和接收的。

如果观众发现语调有异样的话，我们的口头语言和肢体语言将会引导他们明白我们说话的意思。

为了开始研究肢体语言，你需要观察你的身体到底在说什么，你的姿势是怎样的，你的面部表情在诉说什么，你的手在说什么。

你可以通过下面的反向练习来锻炼自己。

🔔 反向练习

面对镜子，严肃地、皱着眉头大声地说你感到幸福。

现在，说你感到充满自信。然后弯曲上半身，并在胸前交叉双臂做出保护自己的动作。

现在，说你感到非常生气，然后微笑着说出来，背部保持直立，双臂放松垂直在身体两侧。

接着，我们来看看应该用怎样的姿势和表情来迎合这些句子。现在说出你可以想象到的描述情感或者情绪的词语，比如羞愧、悲伤、害怕、高兴、惊喜，并重复此过程。

前些日子，我看到了一位老师的宣传视频，他说他很高兴和大家分享他的知识，他感到非常平静和自信。但他的身体却不是这样说的，他的身体很紧张。他的姿势带着恐惧，眼睛睁得大大的，他全身的肌肉都缩紧着。在不知不觉中，他的肢体语言影响了观众，如果观众不知道这其中的原因，会单纯地认为自己不喜欢这个人。

在这种情况下，我的意见是与其表达你自己开心与否、平静与否、有无安全感，不如直接讲出你的内容。

好消息是，变换我们的姿势和表情，可以改变我们的心情。

如果我感到没有安全感，我就挺直我的背，敞开胸膛，深呼吸，用尽全力微笑，两只腿站稳，将胯部保持在中心的位置，肩膀下沉，这样能使我得到更多的自信心。

我在学生、演讲者和同事身上，经常观察到一件事情，我称之为能量泄露。就像这样，当我在房间里边讲话边踱步时，我走的速度比我说话的速度要快。现在，我需要平衡一下我的身体。

她开始焦急地在舞台上来回踱步。然后，前后轻微摇摆她的身体。她停止了这个动作，并且开始用左脚尖轻轻敲打地面。接着，开始抬起一只脚，再交替着抬起另一只脚。

这些动作告诉了我们什么？我很紧张，对吗？

这些动作都属于能量泄露，是身体、手或者脚的细微动作，对于听众来说可能不太容易发觉，但对于观众来说特别明显。

想要让身体保持能量不泄露的、稳重的姿势，就要关注我们的情感，观察我们的肢体语言然后去训练这些动作。通过肢体语言来表达自信是非常有用的方法。

灯光熄灭了。

我是谁：寻回迷失的自我

黑暗中传来埃琳娜的旁白：

这件事发生在我演艺生涯的初期。

一部剧的首映礼是在一个很豪华的剧院里进行的，豪华得能让你目瞪口呆。

我大概记得这件事是在演出的第一天发生的，尽管在我们表演的过程中还发生了很多逸事，但这件事最令我印象深刻。

舞台效果非常宏伟壮丽，演出服装悬挂在我们的头顶，用一个笼型的结构固定着，并通过滑轮上下移动。

一切都进行得很好，没有一点瑕疵。能够感受到演员和观众都沉浸在演出中。

不知道什么时候，一个助手将他的凉鞋绑在绳子上，又把绳子固定在了衣服上。正当大家对他做的事情感到迷惑不解时，他开始做一些很隐蔽的拉扯动作，企图在不打断表演的前提下，把鞋子松开，但是他没有成功。他开始剧烈拉扯，整个舞台架倒了下来。紧接着，第二场表演的演出服从我们头顶上飘过，然后掉落下来把我们所有人都盖住了。

　　一场悲剧变成了喜剧，观众被这一场景逗得哈哈大笑。在确定没有人受伤后，我们自己也被观众的笑声感染了。

　　在经历了短暂的混乱后，现场恢复了正常，我们又开始了表演。

出现失误应该怎么办

　　在类似的情况下，我们可以给观众一些时间来表达他们的情绪。这一点非常重要。虽然对于我们来说可能会有点不合时宜，甚至有点出戏，但如果我们快速恢复到之前的状态（表演或演讲），我们将会面临让观众扫兴的危险。一个细微的动作都有可能成为事件的导火线，引起情绪在无法控制的情况下爆发。

　　此外，适当地宣泄情绪是非常有利于健康的。

　　为了能够快速回到自己的角色当中，我们在观众宣泄情绪之后，最好也用几秒钟的时间来恢复自己的情绪。这对于观众和演讲者的专注力都有好处。

尽管有些小小的失误会变成对我们有利的事情，但是我不建议大家这样冒险，因为失误容易让我们产生不安。永远记住，观众值得看到更好的我们，所以我们要清楚我们的角色：在这里做什么，想要传达什么，以及应该怎么样去做。当然了，我也一样。

先认知自我，才能更好地被观众认知

舞台灯光非常昏暗。在旁白的背景声下，可以听见越来越近的脚步声，就像是有人马上就会走上舞台。紧接着，埃琳娜的身影出现在舞台的后方。

现在站在舞台上的是一个全新的我。但是……我是谁？显然我是人类。我有智慧、有需要改进的地方、有价值、有弱点。

或许我现在是一个影子，只向你们展示了部分的自己。我通过我的声音、我的语言来表达自己。这样，你们就能够了解到我的一部分。

现在……

舞台一片寂静。

再一次听到脚步声。埃琳娜从后面走向前，站在了舞台中央。明亮的光照在她身上。她边讲话，边慢慢地走向舞台的最前面（离观众最近的地方）。

现在，你们不再是捕捉部分的我，而且我是完完全全地曝光在你们面前了，你们看到了吗？

牛仔裤，绒面平底靴，印有绿色、粉色和橘色图案的T恤，头发随意地盘着，非常漂亮。对不起，我忍不住这样夸自己。这是你们看到的我的外在，但是，你们能同时看见我的内在吗？

根据我的经验，我可以肯定地跟你们说，可以。

同时我认为这就是有些人害怕在公众面前演讲的原因之一。高曝光使我们恐惧，而且我们也不能确定自己的经验能否带来优势。

有一个普遍的观点，那就是在一对一的关系中，一个人更容易操控他所提供给别人的东西。我们可以使用策略，让别人相信他们从我们身上发现和了解的某些东西。哎！真复杂，对吧？但是，通过我的观察，使用策略其实是在浪费精力。

让观众更好地认知我们的方法是，先很好地进行自我认知，然后利用我们自身的优势，掌握好自己的价值观。别人可以通过我们的价值观来了解我们，并且知道我们所要传递的重要的信息是什么，我们要提供给他们的是什么。

提炼自己的特质

多年来，我在课程的开头，设有一个"我喜欢你什么"的练习环节。在这个练习中，我们会把观众的特质一个一个提炼出来。

当我向大家解释这个流程的时候，大部分的人会感叹："我们做不到，我们彼此都不了解！"

这是我最喜欢的一个环节。我告诉他们其实没有必要担心，只要把注意力放在身体上，放空大脑和意识来敞开心扉就可以了。

当我们在提炼某人的特质时，大部分的人会感到惊讶，除了欣赏到自己具体的一些细节特征，有的人还会惊叹从来不知道自己有这个能力。

这个能力就是细致观察自己。我们是谁？我们是怎样的？不要告诉我这有什么奥秘，这些特质就近在我们眼前。我们的感官比我们认为的更加敏锐。我们的观察能力有各种各样的渠道。有些观察渠道我们可以用一些非常规的方式打破它，例如，直觉。

通过细致的观察，我们可以接受我们是谁，我们每个人都有出色的才能，除了某些行为需要改善。

　　我记得在很多情况下，在我经常出现的媒体上，当有人认识我本人的话，他会跟我说：

　　"我知道你就是这样的。你有你的特质、你的缺点、你的开心和遗憾。"

　　这一点让我感到困惑，因为我在公众面前的角色和现实中的自己关系不是特别大。

　　前些时间我决定研究我们能从别人身上提炼哪些特质。通常情况下，我可以快速地了解我认识的人，我也想快速知道他们为什么有这样的特质。我想相貌可能会影响评价，我认为通过一个人的外貌来评判一个人的人格是伪科学。

　　我通过社交工具做了调查，让那些想合作的人给我发一条几句话的私信。例如，"跟我谈谈""我接受"或者类似的表示他意愿的词语。然后，没有看过他的照片也没有查看过他的个人信息，更没有看过他的任何信息，我便可以开始讲出他的一些优点。

　　我通过200个人做了这个实验。

　　真是令人叹为观止。

　　在一开始，我尝试将注意力集中在这个人身上。在得到一些信息以后，我根据头脑里出现的画面开始写他的特征。正确率是惊人的。在并没有说出普通特征的情况下，我能够精准地绘制出细节。

　　更好的是，当那些人收到我的答案，尤其是看到答案中一些极特别的特质时，感到非常高兴，并且非常感谢我。除了有两个人问过我是不是女巫，还有一个人认为猜中其中的细节只是偶然，其他人都能接受我的答案。

那些非常感谢我的人，是因为我的答案揭露了他们身上从未被别人发现的私密的一面。他们一直都知道这些特质是自己性格的一部分。

我和他们分享这个调查是为了传达一个思想——我们是什么样的，就会展现在舞台上。提高观察能力、认识能力，以及在公开场合演讲时的素质是非常重要的。

如果我们的措辞不够完美，一点点地通过肢体语言来表达也是没有关系的。即使我们突然很紧张，大脑对于将要说的话和做的事感到一片空白，我们所展示的也是最好的自己，不管我们信不信。当我们的这些方面越能被认可，我们就越能够更好地传递我们所要表达的思想。

为了让我们能够很好地发挥自己的优势，请接受自己，理解自己。为了达到此目的，更深层次地认识自己是很有必要的。

非常高兴认识我自己。

分享自己引以为傲的特质

我敢肯定的是，你一定很清楚自己最不喜欢的性格特质。这些性格特质几乎每天都出现在你的思想中。我们从小时候就开始重复着这种思想。

"你真懒。"

"你有准时过吗？"

"你不要这么胆小。"

"你的妹妹比你还高。"

"你的性格真不好。"

"当然了，你不是读书的料。"

某些性格已经被灌输给我们了，也成为了我们的信念并限制着我们。有时是我们严厉批判自己的行为，在对自己没有任何理解的情况下，把自己塑造成了这样或者那样的人。

我们知道自己不喜欢也不愿意承认自己的那些特质。

可是，当别人问到我们的缺点时，我们会毫不犹豫地想出一个或者几个。而且我们也非常乐意在公开场合谈论自己的缺点，这是一个谦虚的标志。

"我是一个很记仇的人。"

当我们说出这句话的时候，我们的嘴角带着微笑。同时我们也会保持心胸宽广。

现在，如果开始和大家分享我们最喜欢的自己的性格特质时，事情就改变了。

"好吧，我很慷慨，是的，但大家都是这样的，不是吗？"

"我的天赋是从父辈遗传过来的。"

在公开场合谈论我们引以为傲的东西时，常常会被认为是一种自大的行为。

当我们为了展现自己的优势，用我们的优点来贬低别人的时候，这确实是一种自大的行为。别人喜欢的行为是一种认知行为，展现别人喜欢自己的特质，可以激发这种认知行为。同时也能帮助别人识别、呈现以及突出他们自己的这些特质。

在课程中，可以通过一些暗示来识别这些个人能力。

我经常会举一些经济类的例子，因为这是被大家所熟知的。

如果你要去买一间公寓、一件衣服或者要组织一场旅行，在这些行为之前你需要知道你有多少钱——你钱包里有多少钱，你的银行卡里有多少钱，你的信用卡额度是多少，等等。那么，为什么不为了自己的利益以及为所有人的利益，提前了解一下自己的能力？

埃琳娜停顿了一下。

　　说到利益，我想介绍一下我的丈夫。

　　路易斯，来跟大家打个招呼。

　　我想在观众面前公开地感谢他的支持和爱。他是一个有很多优点的人，他非常开朗、慷慨、富有创造力。

　　路易斯带着一把椅子走到舞台上。他看起来是一个很有活力的男人。他亲吻了埃琳娜，然后挥手向观众们问好。

　　非常感谢你出现在我的生命中，也非常感谢你给我的一切。

　　同时要感谢这把非常适合我的椅子。

　　路易斯坦荡地微笑，然后退场。

　　她坐在椅子上，继续她的演讲。

自我认知与迪尔茨逻辑层次模型

　　罗伯特·迪尔茨②利用金字塔图形，创立了迪尔茨逻辑层次模

---

② 罗伯特·迪尔茨（Robert Dilts）是NLP（神经语言程序学）的重要推进者之一。

型。这是一个非常有用的自我认知工具，除此之外它还可以帮助我们理解、处理以及应对变化。

在迪尔茨的心理能量金字塔模型里，我们可以看到不同的理解层次。高层次的意义控制着低层次的行动。

*舞台的幕布落下了。*③

幕布上出现了迪尔茨的心理能量金字塔模型。

关系
身份
信念
能力
行为
环境

我们一起来看这些不同的级别。我也会给你设计一些问题，你可以在横线上回答这些问题。

过些日子，你可以重新翻看这一部分，以便证实你生命中发生的那些变化。

---

③ 通常舞台天花板上会悬挂着聚光灯、幕布和其他装饰道具。

　　你可以完成更多和自己相关的问题，你提供的数据越多，就越能帮助你完成自己的愿望。

　　在第一个阶段，关于环境，是我们所生活的这个空间。

　　我们可以问自己这些问题：

　　　1．我有什么？

　　＿＿＿＿＿＿＿＿＿＿＿＿＿＿＿＿＿＿＿＿＿＿＿＿＿＿＿

　　＿＿＿＿＿＿＿＿＿＿＿＿＿＿＿＿＿＿＿＿＿＿＿＿＿＿＿

　　＿＿＿＿＿＿＿＿＿＿＿＿＿＿＿＿＿＿＿＿＿＿＿＿＿＿＿

　　　2．我被什么所包围着？

　　＿＿＿＿＿＿＿＿＿＿＿＿＿＿＿＿＿＿＿＿＿＿＿＿＿＿＿

　　＿＿＿＿＿＿＿＿＿＿＿＿＿＿＿＿＿＿＿＿＿＿＿＿＿＿＿

　　＿＿＿＿＿＿＿＿＿＿＿＿＿＿＿＿＿＿＿＿＿＿＿＿＿＿＿

　　　3．我还缺少什么？

　　＿＿＿＿＿＿＿＿＿＿＿＿＿＿＿＿＿＿＿＿＿＿＿＿＿＿＿

　　＿＿＿＿＿＿＿＿＿＿＿＿＿＿＿＿＿＿＿＿＿＿＿＿＿＿＿

　　＿＿＿＿＿＿＿＿＿＿＿＿＿＿＿＿＿＿＿＿＿＿＿＿＿＿＿

下一个阶段，是你的行为。做出什么样的行为通常取决于我们自己的看法。

这些行为使我们拥有了现在的一切，我们也将为自己所拥有的负责。

可能包括以下这些问题：

1．我每天做了什么事？

_____

_____

_____

2．我所做的事情对我所拥有的东西有什么影响？

_____

_____

_____

3．如果我认为自己缺少某个东西，我应该做些什么来获取它？

_____

_____

金字塔模型的下一阶段是关于能力。

基于我们自身能力的判断，我们对遇到的事情做出决定。

我们可以回答的问题有：

1. 我为什么做出这样的选择？

_____

_____

_____

2. 我应该怎样利用我的资源？

_____

_____

_____

3. 我为什么做了我所做的事情？

_____

_____

_____

这些答案构成了我们的下一阶段：信念。

我们生活的环境以及我们周围的人和事帮助我们形成了自己的信念。

可能有以下这些问题：

1．我的信念是什么？

_____

_____

_____

2．我的价值是什么？

_____

_____

_____

3．在哪些情况下我会违背我的价值观？

_____

_____

_____

第五个阶段是身份，代表了我们的本质。

正如我们所看到的，你所得到的是你所做的结果，你所做的事情是由你自己的决定而决定的，你的决定是你价值观的成果，这些价值观构成了"我是谁"。

现在问自己：

1．我知道我是谁吗？

_____

_____

_____

2．我这样是为了什么？

_____

_____

_____

最后，我们进入了关系这一阶段。在此阶段，我们能发现我们与世界的关系，找到人生目标。这一目标指导着我们的生活。

我的认知允许我评估生命的每一个阶段，这给了我新的展望，也便于我做出决策。

这会使我们将那些普通的问题方法化，在此框架下，我将采取正确的措施。

这一阶段还可以帮助我们在精神层面定位自己。

问题可以是：

我的人生目标是什么？

_____

_____

_____

幕布收起，舞台传来悠扬、柔和的音乐，伴随着流水声，舞台上好像有河水在流动。

在几秒钟之后，舞台上刮过一阵绿色的旋风。随着旋风的经过，形成了一片森林。它是如此真实！

音乐停止了，流水声还在继续，并加入了一点小动物的声响。

舞台上仿佛弥漫着新鲜的、沁人心脾的绿色植物的气息。

埃琳娜坐在一个从地下冒出来的树根上。

问自己七个问题

　　我给你提供的另一个练习是回答七个普通问题。你可以快速浏览，然后把你的答案填在横线上，不要过度思考这些问题。

　　舞台上的树枝开始疯狂生长，甚至跨过了观众的头顶。巨大的白色纸片在观众面前落下，上面有七个问题。

　　1．我是干什么的？

　　————————————————————

　　————————————————————

　　————————————————————

　　2．我是谁？

　　————————————————————

　　————————————————————

　　————————————————————

　　3．我怎么样？

　　————————————————————

_____

_____

4．我在哪儿？

_____

_____

_____

5．我多大年龄？

_____

_____

_____

6．我为什么在这里？

_____

_____

_____

7．我在这里做什么？

_____

————————————————————

————————————————————

你的答案中有没有引起你注意的问题？

注意这些出现的问题并且接受这些信息，不要去评价它们，也不要让答案过于理智。

认识自己的优点

你真的认识你自己的优点吗？它们是好的吗？

我们做一个小游戏：

在大树的树干上……

埃琳娜指着舞台中央的树干，在她讲话的同时，树皮开始掉落，并露出一些刻上去的词语。

————————————————————

阅读以下这些优点：

善解人意的、善良的、亲切的、友爱的、平等的、诚实的、开朗的、成熟的、可爱的、理智的、强大的、有组织能力的、积极

的、团结的、慷慨的、有个性的、真诚的、坦率的、有能力的、

有想象力的、有创造力的、谦虚的、优雅的、明智的、高尚的、直

率的、感恩的、勤快的、有趣的、天真的、头脑灵活的、诙谐的、

自然的、善于观察的、开朗的、果断的、有领导力的、可信的、正

直的、大胆的、热心的、聪明的、有同理心的、有毅力的、有觉悟

的、智慧的、亲近的、深沉的、宽容的、单纯的、持之以恒的、强

大的、有责任心的、杰出的、独立的、沉着的、勇敢的、小心的、

优雅的、乐于助人的、有用的、自愿的、敏感的、谨慎的、敏锐

的、有魅力的、重要的、甜美的、专心的、有口才的、有准备的、

有适应能力的、顽强的、坚定的、有韧性的、独特的、忠诚的、有

同情心的、有能力的、灵活的、守时的、易变动的、敏捷的、专心

的、性格好的、冷静的、懂得聆听的、有说服力的、注意细节的、

有毅力的、乐观的、有耐心的、组织能力好的、务实的、自省的、

幽默的。（下面这些空白留给你来填写更多的优点。）

_____

_____

_____

　　用粉色的笔把自己的优点圈起来。这些都是你最熟悉的品质。

是能够让你在私下展示，也能公开展示的优点。

不要放过任何一个！

写好了之后，用蓝色的笔把在某些环境才能凸显的优点圈出来。即使你不是很确定。

现在，用绿色的笔把出现在你生命某一刻的那些优点圈出来。在那次你敢于：

·你有能力：

·不要忘记了那个让你感到骄傲的时刻，因为：

·在那次你因为自己如此地……而感到惊讶：

_____

_____

_____

　　凭借直觉，把你觉得你在某种情况下可能会有的优点或者有过的优点，圈起来并涂上颜色。我希望你能圈出很多！如果没有很多，再去检查一下是否有遗漏。

　　埃琳娜从树根上起身，用手轻轻地抚摸着树干上的那些刻字。

　　现在，轮到了红色，红色代表力量、生命力、勇敢，在开始之前用几秒钟来思考一下。你要把用其他颜色圈起来的那些词语再次圈起来（是的，绿色和蓝色的也要圈起来），那些你在舞台上感到害怕时需的优点，圈起来吧！

　　例如，设想你已经选出并用红色圈起来了：光辉的、可爱的、积极的、有能力的、有想象力的、真诚的、深沉的、有魅力的和自然的。

　　我们一个一个地来做。你先圈出至少五个优点。

　　我用之前圈出的第一个形容词——光辉的，来做一个例子。然后你需要按照你用红色圈出来的词语来做。

光辉的：

·光辉对于你来说是什么？我想就是显得你非常出众和灿烂，让你一出场就被观众注意到，能够提高被关注的频率。

现在，将你觉得自己光辉的时刻写下来：

_____

_____

_____

·你做了些什么？

_____

_____

_____

·当时的感觉怎么样？你在哪里感受到的？

_____

_____

_____

·在你感觉到恐惧时，这个优点能够通过怎样的方式来帮助你?

_____

_____

_____

·如果这个优点是一个物体，那它会是什么物体呢?

_____

_____

_____

请将其余用红色圈出来的词语也按照这样的方式来做。

继续用"光辉的"作为例子，你可以把它的实体物想象成一个点亮的灯笼。

我们已经为你的能力宝库做了些什么（不是因为它们很明亮，而是因为它们很时尚、很有趣）。

但是，你在做吗？你是否认为这看起来很荒唐？是否认为自己已经很好地解决这些问题了，做这是没用的吗?

当你完成这些练习，那些记忆会激活你的大脑；当你书写时，这些信息将会在你的大脑里融合，思维重组，加入想象力，产生情感……好吧，这是一项复杂的工作。

画一幅自画像

埃琳娜坐在地上，拿了一张纸和一支笔在手上。

观众头顶上方的树枝，随着微风轻拂，送出了一些新的纸片。

请你们在这张新的纸片上作画。

要把自己的整个身体都画下来，要能看清楚四肢。哪怕你们像我一样没有画画天赋。

画出你的脸和头，你的手臂，你的腰、肩膀、脚、膝盖……眼睛呢？鼻子和嘴巴呢？穿着衣服还是裸体呢？

一旦你们画完了，就是开始观察和分析的时刻了。

我是不是把头画得太大了？我的精神世界是否很丰富？我很严肃吗？我的肩膀是不是太宽了？我是不是把身体画得太胖了？我的手像是在给东西还是在接东西？

请注意画里的所有信息。

这就是我：

　　这个画像不会把我们画得更好或者更坏，只是给我们一些有用的线索，这些线索让我们能够更好地认识自己。

　　现在到了有趣的环节，你需要把你的超能力（某些能力）放置在你的身体上。

　　你会把你的光辉之处、你的闪光点画在哪里？在头上吗？

　　现在我们假设灯笼象征"光辉的"。

　　然后，把灯笼放在头上。

　　你的闪光点或者你的第一个品质是从哪里发散出来的呢？

　　同样地，把这些闪光的光线或者闪光点的来历也画出来。

把这种品质放置在身体的代表部位，并且写下你的感受。闭上你的眼睛，在感受了之后再把它画下来。

我们现在所做的事情，运用了我的艺术疗法和注意力疗法。

继续画出你身上的特质，并把它们对应到画中的各个身体部位。

当你完成的时候，欣赏你的成果。如果你的脸太过严肃，用橡皮轻轻擦掉，然后画上一个微笑的嘴唇。为了显得有表情，可以在嘴角和眼角添加一些小细纹。

现在你看到的就是你自己。每当你要在公众面前公开演讲时，就回忆这张你的自画像。记住你已经有了这么多的价值，你也有能力去运用这些价值。

灯光熄灭。

我为什么在这里：演讲前的准备

　　舞台慢慢散发出昏暗的灯光，从微黄的光变成了橘黄色的光，一会儿又变成了绿色的，最后以温柔的紫色光结尾。

　　响起了一阵轻柔悦耳的音乐，以及埃琳娜的旁白声。

　　我最近在为西班牙的一家大型基金会创建教学演讲。我在教学演讲中，用漫画小故事的形式提了一些关于健康问题的建议。我当时充当了健康卫士的角色。

　　在这个演讲中，我认为其实可以做得更好。当我在跟大家提出我的建议时，观众里的一个男人突然起身咆哮道：

　　"当然了！你站着说话不腰疼，你那么年轻，那么有钱！你与其站在那里教导我们该怎么做，还不如用你四分之一的财产来帮助我们生活得更好。政府没有帮助我，没有任何人帮助我。"

　　我当时想，如果我继续下去，演讲就会结束，然后我决定告诉他，我们正试图在健康问题上提供帮助，但现在不是讨论这个问题的时候。

> 音乐停止。
> 只有埃琳娜的旁白声。

在我继续按照计划好的内容进行演讲的时候，我感到非常沮丧，因为我想用某种办法去修复刚才的窘境，但我没有任何办法。当演出结束时，很多人蜂拥至舞台。而那个男人，肯定很生气，很恼怒，感到被藐视，因为大家都在谈论他的不是，然后他气急败坏地走了。

遭遇观众的刁难该怎么办

当我们遇到这种情况时，在不影响演出的情况下，应该怎样逃出这样的困境？他们付钱请我来做演讲，我应该照顾那些认真听我演讲的人的感受。我敢肯定，在观众之中绝对还会有人有和他相同的想法，但没有勇气像他那样说出来，他们可能也很厌恶我给的那些建议。

你们会如何来回答类似的问题？

"我知道你会很担心这样的情况。非常感谢你让我知道这些。现在我们需要按照计划好的演讲来继续进行，其中包括关乎您健康的一些建议。我提议，在演讲结束后，愿意的观众可以留下来，我将倾听您的问题，希望能给您解决的方法！"

用时20秒的答案，这样会不会更好？你认为呢？

这是一种谈判。虽然我们向他表示感谢，但在另一方面我们也没有表示屈服，我们仅仅是理解和接受他现在的心情。重要的是，用一种温和且坚定的语气，借助肢体语言——身体站直，来做这种假设性谈判。咆哮或者展示霸道是一种表示攻击性的方式。在这种情况下的谈判，显然应该避免软弱和攻击，才是一个正确的回答。

这个男人肯定想得到别人的倾听，但是我不知道有哪些实际的办法可以帮助他。如果有的话，那就太好了。

正如我之前提到过的，重要的是当时发生了什么，如果某人感觉不舒服，如果我们有某种办法能够让他感觉好一点，我们就去做。尽管这样做需要我们集中大量的注意力，但我们最终会成功。这样的回答花费不了1分钟的时间，他就会平静下来。

每一种情况我们都会用自己喜欢的方式去处理（我做过很多次），这是理解自己、爱护自己的一个机会。准备一个能使自己坚定的话语是非常有用的。必须是积极的话语，不要说"不"，我们能够毫无保留地接受它，并且能够自然而然地重复它。

可以是这样的话语：

"我××（你的名字）不喜欢××，我理解并接受太多质疑和诘难。每次我都能给人们带去有益的影响。"

顺便说明，对于所有的人来说有益的事，不一定是所有人都喜欢的事。

不要让他人的评价影响自己

地面的灯光熄灭了。此刻，舞台后面的一串LED灯在幕布背景上形成一个矩形。在上面，显示出巨大的字：

我在这里做什么？[④]

最后一个字母í是一条巨大的灯串。

围绕着字母的灯串开始交替闪烁，就像剧院古老的海报。

埃琳娜慢慢地走着，背向观众大声读着：

"我在这里做什么？"你们在面向观众的时候，有没有问过自

---

④ 西班牙文原文为：¿QUÉ HAGO AQUÍ？——译者注

己这个问题？

她从AQUÍ这个单词上拿下字母Q，发现它是用结实的轻型材料做成的。

她把这个字母放在舞台中央，坐在其中，用身体倚靠着从字母Q上支起来的棍子。

很多人在演讲遇到困难时都会想：我好好待在自己的家里不好吗？是谁让我置身于这些麻烦中？为什么我不去做其他的事情？……

在遇到复杂情况或是新情况时，我们经常会问自己这样的问题，哪怕只是在开始的那几秒钟。

在跟别人交流时，我总是感到快乐。我不觉得我的灵魂和别人的灵魂存在隔阂。我记得自己在早期的表演时，几乎不敢看观众的脸。我很惶恐从他们的眼神中读出他们的意见、心情和性格。这使我分心，也使我感到不安。

在我职业生涯的前几年，我几乎每天都会问自己这样的问题：为什么我不做一份只需待在办公室里，且不会被不断地评价，不需要面对后果的工作？

归根结底，面对别人的评价是让我们感到最害怕的事情。

随着时间的推移，我慢慢懂得所有的人都承担着自己应承担的角色，即使没有事业的发展，也会感觉到这是一种持续的快乐。

这种感觉不应该只来源于他人。我们保护自己免受外部刺激的伤害，显然我们把判断自己行为的权利全部留给了别人。真正重要的是我们自己怎么想，而不是别人的评价。

像是我们做得总是不够好，需要做得更好。

我们来慢慢地一点一点地放松警惕，不要把别人对自己的意见和要求看得那么重要。

做好演讲前的心理准备

在演讲前，你们可以使用释放压力疗法，来帮助自己做好演讲前的心理准备。具体方法如下：

🔔 释放压力练习

第一步，让你的注意力集中在身体感到紧张的部位。这种紧张感可能是情绪上的，也可能是身体上的。

第二步，充分了解身体的不适和不适的特征，并评估它的强度，0分是不会使你感到烦恼，10分是你能承受的最大程度。

第三步，尝试着用"能或不能"快速回答以下问题。答案是什么并不重要，这么做的目的是分散注意力，使紧张感得到释放：

我能让这些烦恼流走吗？

我想让这些烦恼流走吗？

深呼吸。

再来给你的烦恼打分。

重复步骤一、二和三，直到紧张感消失。

当你反复做此练习后，那些烦扰、恐惧或者不安全感就会慢慢消失。

做好演讲前的身体准备

为了能够在演讲时更有安全感，注意一些身体细节，做好身体准备也很重要。

人们（播音员、表演者、演讲者和老师）在演讲前几乎都没有预热，也没有提前清嗓。提前清清嗓子，可以预防声音嘶哑、发声困难和声带损伤，同样也可以预防痰的分泌，用正确的声音发声可以令别人听得更加清楚、更加明了。

一些人在舞台上感到紧张，仅仅是因为他们担心别人可能听不清自己的声音，担心自己在舞台上突然语塞。

预热声带和放松面部肌肉，可以有效地避免这些问题，从而消除这些恐惧和不安。

预热练习可以分为四个步骤：

- ·呼吸练习

- ·身体预热

- ·放松面部肌肉

- ·清嗓

埃琳娜站起身，朝着舞台中央走去。慢慢开始为她讲的预热练习做示范。

呼吸练习

我们先练习用腹部呼吸。

用这样的方法，我们可以使膈更加有弹性，从而能够正确地发出声音。

我们来用鼻子做几次深呼吸，让空气完全充满我们的肺部，噘着嘴唇，用嘴巴慢慢吐气。

你们记住，首先吸气一直到底，然后让空气慢慢填充整个肺部。我们应该感受到腹部充气，而胸部没有鼓起。

在做了三四次深呼吸之后，我们需要休息几分钟避免晕倒。

在几分钟的休息之后，我们再一次深深地吸气。当我们吸气的时候，尽量把手伸直，就像是要摸到天花板。

在吐气的时候，从腰部开始向前弯曲我们的身体，大腿不要弯曲。

然后，我们慢慢立直身体，一个关节一个关节地、慢慢地立直。

再重复三遍这样的练习。

🔔 身体预热练习

我们可以放点音乐使自己感到放松。如果我们热身的时间很短的话，就没有必要了。

双腿轻微分开，用某个东西支撑我们的身体（例如扶着椅背），保持平衡，然后活动我们脚部的踝关节。

慢慢地旋转，活动。

活动完一只脚换另一只。

然后，我们挪开椅子，把双脚并在一起。微微弯曲我们的膝盖，将手放在膝盖上，再顺时针、逆时针交替旋转扭动膝盖。

接下来是胯的活动。我们重新分开双腿，与胯同宽，然后轻轻弯曲膝盖。

旋转扭动我们的胯部，一共五次左右。

通过这个运动我们的身体可以得到放松，身体僵硬可以得到缓解。有很多人不能扭动他们的胯部。如果你们也是这样，不用担心，这只是需要多加练习。慢慢地，你们会一次比一次做得更好。

我们再做一遍五次胯部旋转运动，但是这次我们轻微地放松我们的膝盖。

接着，活动我们的肩膀。让肩膀顺时针、逆时针扭动。然后，我们高高耸起肩膀，就像是收到了一个意想不到的惊喜。在做完这些动作以后，让肩膀回到原位，让身体放松。这个练习帮助我们知道肩膀应该放在哪个位置，因为我们的肩膀时常因为紧张而比较僵硬。

现在我们了解到了肢体语言的重要性。

如果把肩膀放在过高的位置会使观众觉得你没有安全感。全世界通用的肢体语言都是用耸耸肩来表达自己不知道。松垮的肩膀象征着沮丧、身体超负荷以及缺乏自尊心。

肩膀象征着一个人的很多方面，也传达了我们的潜意识信息。

用力活动肩膀，我们可以保持肩膀在正确的位置。

现在到了手臂、手腕的练习。我们旋转扭动我们的双手腕，放松我们的手臂，好像我们要努力甩掉一块膏药一样。

现在到了脖子的部位。让我们的脖子左右旋转。然后，用头部带动我们的脖子，动作要轻，不要使脖子受到伤害。

每次做五遍。

有时，我们感到嘴唇很麻木，不能顺畅地说话。这时来一个脸部热身运动是再好不过的了。

她站起身走向字母Q，找出一个软木塞，是红酒瓶的软木塞。

🔔 面部肌肉放松练习一

在开始前，我们拿一个软木塞，把它清洗干净并咬在嘴里，保留三分之一在嘴巴外面。

她把软木塞放进嘴里。

接下来，我们含着软木塞，为了能够吐字清晰，让别人听懂我们说的话，我们需要很夸张地活动我们的嘴唇，同时脸上还得保持微笑。

我们可以拿一本书来读一段，然后用手机录下来，找人证实一下是否能理解你说的话。我们会发现，在读了短短几分钟之后，下颌就会发酸，整个脸部肌肉也会酸痛。这说明我们在说话时，很努力避免把嘴中的软木塞压坏。

这个练习在预热声带的时候同样适用。但需要注意脖子不要太紧、太僵硬。

她把软木塞从嘴里拿出来，把它固定在右手的食指和无名指之间。当她放开软木塞的时候，软木塞伸出了一对小翅膀，像小蜜蜂一样飞走了。

　　我让我的学生们谈一谈把软木塞放进嘴里有什么用处。以下是学生们的回答：

　　·这是个瘦脸练习。

　　·可以开始一段对话。当你看见喜欢的人时，把软木塞放在嘴里，等别人问你为什么，就可以开启一段和她/他的谈话。

　　·可以少说话。

　　·可以指导员工。当他们感到惊奇时，他们需要运用横向思维，打破逻辑局限。

　　·可以告诉孩子们他们应该做什么，而他们不能违抗。

　　·可以让理发师闭嘴。

　　·当你独自去看电影或去跳舞时，可以让别人不敢靠近你。

🔔 面部肌肉放松练习二

　　　　用嘴做出"0"的形状。用舌头在嘴巴里打转，并且把舌头放在牙齿前面。

　　　　当这个动作做完时，我们用舌尖顶住右边脸颊的内部，就像嘴巴里包着一颗糖果。然后，保持这个动作几秒钟。

接下来变换一下舌头的方向，把舌头顶住左边脸颊的内部。

最后，按压按摩脸颊和颧骨，让整个脸部肌肉得到放松。

面部肌肉放松后，就可以进行清嗓了。在开始清嗓之前，先观察你的头部和脸部的姿势，并且在整个练习中都要注意它们。

当我们张嘴发声时，注意不要完全抬起上颌，否则会阻碍鼻腔共鸣器官的扩大。

那么，鼻腔共鸣器官在哪儿呢？其实，是在脸的后部的鼻腔，位于上颌的上部和额头之间。它们存在于喉咙、嘴巴和鼻道里，负责发出共振扩大声音。它们还赋予每个声音细微的差别，让其听起来与众不同。

就像乐器一样。

伸展你的发声器官，如舌头、软腭和嘴唇。

尝试着保持微笑，把嘴角向上抬起，这样可以打开你的鼻道。此外，微笑可以使身体释放少量的内啡肽，令你感觉愉快，并慢慢习惯在公众面前演讲。

在与人谈话时，面带微笑的人比板着脸的人更有吸引力。

当你使用低沉的语气时，要注意不能随着语气的降低而低头。这是经常会发生的现象，就像抬起下巴为了使声音更尖锐一样，但这么做是不可取的。

喉咙不要用力，脖子保持正常的姿势，下巴和脖子成直角，后背挺直。

🔔 清嗓练习

> 这个练习是伴随着腹部呼吸来一起做的。
>
> 我们微微张开嘴。
>
> 舌头抵着上排牙，发出拖长的"PRRRRR"的声音。（R在西班牙语当中为大舌颤音，字母P帮助我们吐气，字母R用来保持振动。）
>
> 当我们习惯这个发音动作时，继续来发"PR"的振动音，并同时唱一些你觉得舒服的调子，声音不要太尖锐，也不要太低沉。
>
> 如果你发出这种振动很吃力，你可以通过收缩腹部的肌肉来提高气压。
>
> 当你用几分钟完成这样的练习之后，继续用声带发出振动声，但这次，从低沉的音调到高音调，然后再重新以低沉的音调开始。

> 然后，慢慢降低和增加音高，更低沉，更尖锐。
>
> 当到达了高音之后，不要用力。这样你会更舒服。

重要提示：准备好水，给声带补水是非常重要的。

这些练习可以帮助你消除对自己为什么在这里的疑惑。

我们在这里的原因有很多：为了完成很多目标，为了能走得

更远……

可视化冥想练习

舞台灯光暗了下来。埃琳娜从舞台背景上取下字母O，HAGO

（我做）这个单词，是用松软的海绵做成。她将字母移到右侧，看

向观众们，然后躺在字母O上。

灯光很微弱，并响起了轻松的背景音乐。

你们想做一个可视化冥想练习吗？

一位观众用浑厚的声音说："不！"其他观众笑了起来。

埃琳娜抬起头，用深邃的目光看向观众，然后她也笑了。

那好吧，你现在不用做，你想做的时候我再来邀请你。

说完，她便完全躺下了。

🔔 可视化冥想练习

现在，慢慢地闭上你的眼睛。

如果你的外套使你不舒服，解开它。

做几个深呼吸，用鼻子吸气。

然后，用嘴巴慢慢吐气。

运用你的想象力，想象自己站在门前。注意门的所有细节：它是用什么材质（木头、玻璃、铁……）做成的？它是什么形状的？是浅色的还是深色的？用你的手指轻轻触碰它，是粗糙的还是光滑的？是热的还是冷的？

现在，把手放在把手上，你要打开这扇门。它轻轻地打开了吗？

你进入了大厅。

大厅里坐满了观众，在大厅尽头有一个舞台。

观察你的周围，这个大厅怎么样？是大还是小？这些观众看起来高兴吗?

这个舞台怎么样?是黑暗的,还是明亮的?

里面是冷还是热呢?

现在,把你的目光上移,开始观察天花板。看它是否是拱形的,是否有壁画或者吊灯,等等。

在你仔细研究了这个大厅后,把你的目光聚焦回舞台上。

关注你的感受是什么,是否出现了恐惧或者紧张。没关系,保持微笑,继续前进。就像是有一个与你亲密的人用一只隐形的手在指引着你。

如果你的心跳加快,用腹部深呼吸三次。用鼻子吸气,用嘴巴吐气。把注意力集中在空气是怎样吸入你的身体,以及怎样呼出的。

你走到了舞台底下。

有很多台阶通向舞台。

这些台阶是怎样的?是大还是小?看起来是否稳定坚固?是在舞台的中间,还是在舞台的两侧?

你爬上台阶,现在站在舞台上。你微笑,并感到满腔热血。这是一种愉快的、舒适的感受。

你围着舞台走了一圈。你的视线是怎样从注视某一点到环视四周的？现在你感到自己是生命的主角，你在生活中所取得的成就都以某种方式使自己变得更强大。

你看向观众席，看向舞台吊顶。剧场里的所有人都在向你微笑，你也向他们微笑，并做出了一个感谢的动作。他们亲切地给你鼓掌，你向他们鞠躬。

如果你还是感到紧张和不安，重复做几次腹部呼吸。

在这种情况下，当你呼吸时，你会感到安全、有力量、心情舒畅，你释放了那些烦扰。

你看到了观众席的前排有你熟悉的人。你知道这些人会永远和你在一起，无论你做什么，他们都会无条件地支持你。

用几分钟享受这种感觉：能力、安全和认可。

把注意力放在你的身体上，用心感受。这些感受是怎么样的？享受它们。把你自己、你的记忆、你的思想，看作你从现在开始建立的无形的情感之路。

固定这种状态、这种感受。就这样，不管发生什么。

埃琳娜停止了讲话。过了几分钟，她再次轻柔地说：

现在慢慢走下台阶离开舞台。看看是不是和刚才的感觉一样？是否更加有安全感？有观众站起来向你伸出援助之手扶你走下来吗?

　　你慢慢走向你刚刚进来的那个门,这个大厅还跟之前的一样吗?灯光更加明亮了吗?大厅更加宽敞、更加漂亮了吗?

　　你来到了门前。可能这扇门原本就里外不一样,或者现在的样子变了。你观察一下这扇门哪里不一样了?现在是什么样的?

　　把你的手放在门把手上,现在门把手没有那么冰冷了吧?然后打开门。

　　在你跨越门槛离开时,你会发现你又回到了原来的位置。

　　深呼吸两次,然后休息一会儿,回味一下刚才的体验。

几分钟后,音乐停了,灯光变亮了。

躺在字母O上的埃琳娜站起来。她将O这个字母带到了舞台上。它不是圆形,而是椭圆形,所以它在滚动时会弹跳。

照射着字母O的灯光很微弱,埃琳娜坐在字母O上面,离观众们很近。

你们好吗？你们感觉怎么样?

你登上舞台时会感到紧张或者害怕，不要担心，这是时有的现象。保持微笑，以及感到自己浑身充满力量，这才是更重要的。

尽可能多地在脑海里重复刚才的练习画面，慢慢地在你的大脑里建立这种固定的情感思维方式。

大脑有时不能分清想象和现实，因此这样的可视化冥想练习是非常有效的。

这项训练被很多顶尖运动员用来训练体能和心理素质，也被很多大型企业用来培训员工。

可视化冥想练习可以创造更多的细节和感觉来欺骗我们的大脑，让我们感到身临其境。并且，这种感受是积极有益的。

我们来分析一下你在刚才的练习中看到的东西，它们代表着你的感受。

例如，门代表着你在公开场合说话和表演所建立的思维和情感入口。

还有，练习最开始的那扇门和练习最后的那扇门也许是不一样的。在感到更加有安全感以及更加自信之后，门变得更加明亮，门把手变得不再那么冰冷。

现在，我们来想象一个能够代表自己空间的房间。这个房间通常在想象开始的时候比在最后的时候更加黑暗和冰冷。这种黑暗可以被理解为你烦恼的事情尚未处理，或者未来尚不明确。总之，当有某件你想要回避的事情时，房间就是黑暗的。

台阶可以代表你为达到更高的目标而付出的努力。你必须付诸行动才能到达你想要到达的地方。

很有可能在享受过舞台之后，这些台阶就会更加坚固，甚至有人向你伸出援手扶你走下来。可以肯定的是，下台阶比上台阶要轻松得多。

同时我们可以思考一下我们的思想停留在台阶的哪一侧。在台阶的中间或右边，通常代表男性价值观；而在台阶的左边，通常与女性价值观联系在一起。

我们来分析一下我们在舞台上是怎样表现的。我们是观众的焦点，舞台上的我们就是主角。

观众中是否有很多熟悉的脸庞？你是否在一开始就被他们吓到了？这象征着我们与他人的亲密感。

埃琳娜从她坐着的字母O上起身。

随后字母飘了起来。

字母O闪着光，在舞台的半空中悬浮着，像一个月亮。

思考演讲的真正原因和目的

我们回到"我为什么在这里"这个问题。

思考一下，当你站在公众面前时，你的需求或者欲望是什么？是关于职业的，还是关于个人的？

现在请把这些思考写下来。

我站在公众面前是因为：

_____

_____

_____

所以，我应该这样做：

_____

_____

_____

通过这种方式，我能实现以下目标：

_____

_____

_____

为了实现刚刚你写下来的目标，我建议你列一个实现步骤。

《成为情商专家》的作者奥尔加·佳妮莎雷斯和卡门·利尼兹说过，仅仅设定一个目标是不够的，哪怕这个目标是自我激励的桥梁。实现这个目标的方式更加重要，这样它才能达到我们期望的样子。

设定一个目标有以下步骤：

·思考你的期望是什么。

·然后设定具体的目标。

·制订一个实现目标的计划（可测量的、具体的、可达到的）。

·达到此目标的原因（动力）。

此时，你写下的"原因"就会成为你站在公众面前的原因，就是"我在这里做什么"的答案。

制定切实可行的目标

你已经在上面写出了你的目的，现在为自己设立一个能够达到的目标，这将是一个具体的、特殊的目标，它的结果是可以实现的。

我们来举个例子。

假设你是一位律师，你希望在庭审时，自己能够坚定、平和地进行辩护。

现在你可以定义目标了。在进行庭审辩护时，你的肢体语言很重要。所以，你需要对肢体动作进行训练。

例如，你要建立一个长达21天的工作计划，这段时间是大脑用来固定一个思考和行为的时间。

为了能够使目标可测量，你需要设立一个工作时间表，把工作具体化。

例如，在这21天里锻炼身体的不同部位。3天训练肩膀的姿势，3天训练背部，3天训练头部姿势，3天训练大腿和脚的站立姿势，3天训练手的灵活度，3天训练观察力，最后3天训练嘴部动作。

我们怎么知道这个目标是切实可行的呢？有形的东西可以是能够准确感知到的东西。

我们在前面举的例子的目标就是切实可行的，因为我们给它制定了具体的工作时间表，而且会将训练记录下来。

如果你不能确定一个具体的时间表，那就再考虑一下你的期望是什么。如果你的目标是再也不要紧张，那很有可能无法达到。目标必须是你能掌握的，是你通过一定的努力能够实现的。

不同态度的目标所对应的结果是不同的。

例如，如果我的目的是不再感到恐惧，则是以消极的态度去设定目标。

如果我的目的是让我能享受在公众面前的感受，则是以积极的态度去设定目标，这样能够使目标更快、更轻松地实现。

舞台的灯光消失了。只有像月亮一样在发光的字母O，保持了几秒钟的照明。

灯光熄灭。

为什么我如此在意：平衡自尊心

舞台灯亮了起来。

伴随着音乐，传来埃琳娜的旁白：

我们曾经有过一场表演，有喜剧，也有独唱和合唱。

其中有一位演员一直在自己的私人生活中遭受着压力。有一天晚上，他在演出现场突然情绪崩溃，开始尖叫咆哮。

其他演员都惊呆了。在经历了几分钟的混乱之后，我们尝试着即兴表演重新挽回局面。我向他走去，叫着他角色的名字，让他陪我去洗手间，在洗手间里他可以告诉我发生了什么。

他对我咆哮："埃琳娜，让我静静，我真的很痛苦！"

说着说着，他躺在了地上，继续尖叫哭泣。说实话，当时的情况非常糟糕，我们亲眼看见他是多么痛苦、多么挣扎。因此我们决定放弃那一段演出。好吧，因为我们没有别的办法。我们请求剧务放下幕布，然后站在台前和观众们聊天。

观众们特别能理解当时所发生的一切，并且为了鼓舞那位演员开始热烈鼓掌。

观众们没有离开观众席。在几分钟之后，我的那位同伴，鼓起巨大的勇气，继续开始了表演。当我们再次升起幕布，观众们再次看见他，爆发出雷鸣般的掌声。我们继续表演，我们都非常感谢观众们的热情以及那位同伴的勇敢、坚强和专业。

出现无法挽回的局面时应该怎么办

遇到此类情况应该怎样做？有一些小意外是有趣的，但这根本不是，相反，这是非常困难和痛苦的，因为一个人正在遭受不幸。我认为，人永远是最重要的。在这种情况下更重要的是去帮助那些需要帮助的人，无论我们身在何处，面对着谁。此刻，我们大家聚在一起帮助不知所措的同伴重归平静，我感觉非常虔诚和真实。

在某些情况下我们会发现自己陷入了某种情绪的陷阱，这种陷阱阻止我们以真实和自然的方式行事。在此时我们沉默不语、哑口无言，阻碍了我们的表达。

因此，我才觉得这位同伴的行为是如此勇敢。他敢于在数百人面前爆发，展示他的弱点和烦扰。他自然地、真诚地表达着自己，在场的所有人都陪伴着他，接受着这样的他。在那一刻，他最需要的其实是用几分钟来重归平静，让我们能够更好地理解他。所以我们这样做了，而且我们感谢他的勇敢和坚强，因为在那时他决定把表演继续下去。

由此，我们可以得出结论：我们在面对重要的事情时，要超越表象，保持良好的状态，把注意力集中在最重要的事情上。这样有助于我们摆脱痛苦。

强大的自尊心既带来好处，也带来坏处

舞台灯组关闭了，出现短暂的黑暗。

自然光照射进舞台，我们可以看到在舞台上出现了一个花园。花园里有一条板凳，而板凳的后面被栅栏围绕着。在栅栏两侧，鲜花散发着芳香，点缀着舞台。

舞台上开始轻柔地下起了雪。当埃琳娜打着喷嚏出来时，我们发现那不是雪，而是粉末。

她开始发出吸鼻子的声响。

好多的粉末呀！这些围绕着我的颗粒让我忽然想起自尊、积极、乐观、动力、赞同、尊重等词语。

我要以此来造一个句子："我的自尊心很强，因为我总是想着积极的一面，我一直受到乐观和尊重的鼓舞。"

嗯……（我在思考怎样能造出一个响亮的句子。）

我有强大的自尊心？

我总是乐观？

每个人都能够接受我真实的样子吗？我能够变得乐观吗？什么叫作尊重和乐观？

一切皆有可能吗？

有时，一些事情看起来比较简单，但事实上并非如此。当某些行为被轻描淡写、被轻视时，我们很可能会认为理所当然。

如果我有一个太强的自尊心，那我肯定是一个完美主义者，不允许自己在任何场合失误。尽管我不想承认，但我特别在乎别人对我的看法。

粉末雪停止了。埃琳娜坐在板凳上。是的，之前她一直站着。

她拿起板凳上的一本书，开始朗读：

自我总是能察觉到发生了什么，说了什么，思考了什么，被告知了什么。也就是说，人意识到的自我不是边缘化的自我，不是彼此分离的，而是一个动态的中心，是构成一切事物存在的永恒的起点。总是自我在做，在表达；每种意识、每种感觉、每种自愿行为，总是与此相关。换句话说，我就是中心，是的，是一个发散光芒的核心。如果没有中心，没有这样的光芒，那后续的事情就没有可能发生。

发现生命的内在潜能，当我们与外界接触并对刺激做出反应时，会激发潜能。外在的东西可能会打动我的内心，而我会以一种身体的感知和内心的共鸣来回应。这个回应决定着我对自己的行为和行动的判断。这种潜能的激发使我奋斗、成长，使我去爱。内心的共鸣能使我产生行动的真实力量。

其实，不管你是否喜欢，你的世界中心都是你。你就是你的"情绪过滤器"、观察者，自己在感受、在思考、在做，但有时候我们会忘记这一点。有时候生活就是琐事的累积，而我们感觉总是被那些琐事所牵引。

自己才是那个想要认识、理解，想要去爱的人。就像安东尼·布莱·丰特库韦尔塔所说："我才是我自己的起点。没有我，我的存在将毫无意义。"

这并不是以自我为中心。

我们所需要的东西、使我们痛苦的东西、压迫我们的东西，以及我们想要逃脱的东西，都使我们更加认识自己，更加接受自己，更加理解自己，更会原谅自己、爱自己，和他人在一起时表现真我才不会觉得别扭。

我们对生活所给予我们的刺激做出反应。那些刺激都是来自他人——他们的评论、眼神、质疑、看法。我们自己的回答才是唯一能够真正定义我们自己的。

外部的环境不能让我们成长，也不能赋予我们价值。真正能让我们成长的是我们的内在。重新发现我们的核心，然后把核心与潜力联系在一起，这样我们将有机会找到真我。

平衡太强的自尊心

我们为什么如此在意自己的价值和他人怎样评价我们？

这是因为我们的自尊心其实并没有我们想象得那么平衡。

自尊心在生命最初几年，在开始形成自我印象的时候就出现了。从你是一个小孩时就开始对自己有印象，有自尊心。如果我们的家庭环境缺乏父母或监护人的肯定，那么在我们成年以后也很难成为非常有信心的人。

如果我们没有被无条件地爱过、理解过、保护过、接受过、肯定过，那我们需要花费很多精力去建立自己的安全感。在这种情况下，缺乏安全感的我们会经常寻求别人的肯定。

自尊是一个多维的概念，其中包括七个"自尊之道"：

埃琳娜从地板上捡起一朵花，开始数花瓣的数量。每触摸到一瓣花瓣，花瓣会随之变大。我们在每个花瓣上都会看到赞美的词语。

第一，欣赏自己。无论自己做了什么、说了什么，或是拥有怎样独特的个性，都将自己和其他人平等对待。

第二，充分接受自己的不足、弱点、错误和失误，并认识到自己性格中的缺陷。

第三，喜爱自己。

第四，注意和关注自己的真实需求，包括身体和心理的。

第五，自我觉悟。观察和倾听自己，拥有较高的自我意识。

第六，向他人敞开心扉。向他人展示自己的内心，尊重他人，认识并肯定他人的存在，重视和他人的情感。

第七，拥有积极的态度，对自己和他人充满信心。

她把花朵放在板凳上的书上。

你就是最完美的

为了平衡自尊心和自信心，放弃与他人比较是非常有用的。

我们在小时候肯定被这样比较过，因此我们很容易在长大后也习惯性地与他人做比较。

· 像你的哥哥那样认真学习。

· 你的表妹比你更高。

· 你的头发长得不像别人那样茂密。

· 你要像你爸爸那样多吃一点，像他一样强壮高大。

· 你朋友踢足球比你踢得好。

· 你的同学更风趣。

· 你不像你姐姐那样灵敏。

以上类似的话，占据着我们的童年。

这样持续的比较会让你感到你没有成为别人期望中的那样，你因此开始感到内疚，开始有了罪恶感。你的内心会告诉你：你是失败者；你不适合；你持续这样的话，别人会不喜欢你。

然后你开始寻找完美的自己，变成符合别人期望的人。

够了！

你现在这样就非常完美，没必要像哥哥那样爱学习，没必要像表妹那样高，没必要像别人一样有一头茂密的头发，没必要像爸爸吃得那样多，没必要像朋友一样足球踢得很好，没必要像同学那样风趣，当然也没必要像姐姐那样灵敏。

当别人和我们比较的时候，很可能把他们的缺点隐藏了起来，所以我们要从自己开始停止比较，这很重要。

你记住，核心是你自己，潜力来源于你自己。

我们能为自己的行为负起责任，我们想要努力实现个人目标，而这些目标是改善我们对幸福感的认知，罪恶感只会为我们带来阻碍。

因此，今天……

伴随着埃琳娜的讲话，屏幕上出现了发光的字，就像是卡拉OK里的歌词一样。观众们跟着埃琳娜一起大声朗读：

今天……我是无罪的。

我从罪恶感中释放了出来。从最初的罪恶感、从无形的罪恶感、从学习的罪恶感……释放了出来。

我总是按照自己的想法去做，我是无罪的。

如果我生病了，我是无罪的。如果我总是不开心，我也是无罪的。

当我跟伤害我的人以及我不爱的人说"不"的时候，我是无罪的。当我仅仅对我不想做的事情说"不"的时候，我也是无罪的。

当我的周围有人遭受痛苦时，我是无罪的。

我尽我所能，我尊重所有生灵的智慧。

当别人指责我做了并非故意的坏事时，我是无罪的。

当别人被我无意的言行伤害到时，我是无罪的。

今天，我微笑着面对我所看到的一切。

即使有人用恶意的言语中伤我，也不能强迫我待在充满垃圾和包袱的房间。

我是无罪的。

灯光熄灭。

为何有人不听我的演讲：拯救消极情绪

黑暗中传来音乐。

在舞台和观众席中吹起一阵凉风。

现场闪烁着轻微的灯光，就像是小小的灯笼。

在幕后，依稀传来人群的声音和小孩的欢笑声。

埃琳娜的故事随之娓娓道来：

这是一年中最神奇的夜晚——三王节⑤的夜晚，这一晚会有骑士骑着马来到马德里区。

我对此非常憧憬，也非常激动。当我登上舞台，我发现一群小孩子。

---

⑤ 传说，很久以前，三个东方国王——黑脸国王、黄脸国王和白脸国王来到了西班牙，给人们带来了幸福和欢乐，还专门给小孩子送礼物。后来，这个节日成了西班牙的儿童节，在每年的 1 月 6 日举行。——译者注

我手握话筒站在舞台中央，其中一个小孩沮丧地向我走来：

"你在这里做什么？你没发现你挡住了我们吗？我爸爸说，我们才是主角。"

"当然，亲爱的，"我回答，"我站在你们的旁边，还有另外的人扮演东方三王，我们就要开始了。"

我发现这并不能说服他，他不太友好地看着我。

我开始了我的表演。当我说出我的第一句台词时，小孩们就全部站到了我的面前。

我现在最不想做的事情是和这些小孩们争夺主角，因此我决定就这样站在他们的后面，这也没什么不好。

但是扮演东方三王的同伴并不这样想。当我继续我的表演时，我看到了他们在给我使眼色（当然了，他们的手臂也快挥断了），示意我站到前面去，这样可以让观众更好地看到我。

这个舞台太小了，东方三王快要登上舞台了。舞蹈开始了，这支舞蹈叫《哈默林的吹笛人》，所有的小孩跟着我一起跳。尽管我小心翼翼地把他们安排在我的两边，但他们好像更加喜欢站在我的前面。

东方三王终于出场了，他们走上舞台，走向我们。

这是正宗的三王表演，他们让小孩们逐渐放松下来，甚至露出惊喜的表情。

　　我想，从此刻开始，演出就会轻松、顺利地进行下去。

　　但是我想错了。

　　我向国王们敬礼，向他们祝贺他们的丰功伟绩，也欢迎他们的光临。我把话筒递给了他们，让他们对着聚集在周围的小孩致辞。

　　轮到一位国王了，他扯走了我的话筒，开始了他的演讲，嗓门越来越大。我想可能由于他们的旅途太冷了，所以他喝了一点烈酒来暖身子，因为有时候他明显在摇晃，而且我闻到了强烈的酒精味。

　　我看着那些小孩子，他们惊讶地张大嘴巴，不知道怎样管理自己的表情。我看向组织者，大家都是同样的表情，而且脸色苍白。

　　三王的演讲变成了激情慷慨的政治演讲，伴随着谩骂以及不合时宜的词语。

　　我开始阻止他，并试图从他手中抢走话筒。由于他的状态很不好，我很轻松地就夺走了话筒。我请组织者上台来接国王，把他安排到旁边去休息。国王由于长途旅行而筋疲力尽，累得几乎都感觉不到双脚的存在了。我们请观众鼓掌，同时把国王带走了，然后我们继续完成我们的表演。

　　后台的声响消失了，轻柔的微风也消失了，微弱的灯光熄灭了，然后点亮了一盏橙黄色的、温柔的散光灯。

发生了令我们愤怒的事应该怎么办

在一开始，虽然小孩们制造的麻烦有点烦人，但依旧很有趣。然而扮演国王的那位演员让我很生气。站在观众面前的演员担负着很大的责任，更何况是站在小孩的前面。

我不明白这个男人的目的是什么。当时我想做的只有挽回场面，尤其是不让小孩们的幻想破灭。

愤怒是六个基础情绪（恐惧、愤怒、悲伤、快乐、嫉妒、惊讶）中的一个。它们和情感不同，因为它们不包含思想。

如果不控制好每一个基础情绪，将会带来巨大的情感负担，例如，愤怒将会带来暴力。

当我们感到威胁、伤害、挫折时，就会产生愤怒，同时会产生强烈的挫败感，因为它正在毁灭我们原本以为美好的事物。

受到良好控制的愤怒可以使我们内心的不满发泄出来。通过这样的方式，我们的机能就能做好准备，当我们遇到某种情况的时候我们的行为能做出良好的反应，以最佳方式达到我们的目的。

我们可以利用愤怒带给我们的力量，所以，在那一刻，我温柔而坚定地拿走了他的话筒。

接受我们所感受到的情绪总是好的，因为它们是我们状态的指南针。如果掩饰和拒绝自己的情绪，会让我们的反应变得过激和越界。

同时做两件事情看起来是比较复杂的，倾听和控制你的愤怒就像是学习开车。在一开始同时做这些事情看起来是不可能的，但是之后这样的行为将会习惯性地发生。

虽然我们并不总是有能力不被愤怒冲昏头脑，然后控制局面。但是，让我们继续努力吧。

释放愤怒

当我们没有及时从伤害中解脱出来，愤怒就会潜伏。有时，及时表达出愤怒是非常有必要的，这是接受，是不向愤怒屈服。

愤怒和笑容一样，是释放舞台上积累的紧张感的最好的表达方式。据说这是最有吸引力的情感之一，因为我们能够感受到额外的能量（我们会分泌肾上腺素）。另外，我们也有充分的理由来释放我们的愤怒。

一个有趣的现象是如果我们以紧张的方式来生气，就会发生丹尼尔·戈尔曼所称的"类扁桃体占领"[6]。我不是神经学专家，不了解太多的细节，但我想，这可以解释我们的一些行为。

这样的占领是一个快速的反应。类扁桃体劫持了大脑其他区域的活动，这些区域负责我们的理性行为。类扁桃体是大脑最原始的结构之一。在某些时刻，类扁桃体会让情绪控制我们的行为，而不是让理智来控制。

然而当我们在公众面前表演时，让我们最原始的大脑结构来控制局面显然是不可取的。

为了防止出现这样的状态，避免积累过多的使我们感到愤怒的压力是非常有效的。

愤怒的产生机制

当愤怒不是主要情绪时，也能被其他情绪点燃，例如恐惧。如果我在公众面前演讲感到非常恐惧，我可能会利用很小的机会以愤怒的态度做出反应，从而试图消除恐惧。

———————

[6] 丹尼尔·戈尔曼，心理学家。他认为，在人的大脑中有一个类扁桃体的结构，会对危险做出反应，甚至劫持大脑中其他部位。如果它劫持了额叶部分，我们就会失去理智，这种现象被他称为"类扁桃体占领"。——译者注

恐惧这种情绪可以成长为"我很坚强"的性格助推器（我们在下文将会讲到更多的性格助推器）。

我们会用愤怒来掩饰自己的恐惧。但是，我们能够疏导这种愤怒。就像之前讲过的，深呼吸是一个很好的办法：一方面，可以帮助我们降低心率；另一方面，可以把注意力从引起愤怒的事情上转移开。

在深呼吸、重振精神后，你可以用几秒钟的时间问问自己：你是否有足够的理由愤怒，你是否能够控制住局面，你的愤怒是否能够使事情变得更好。

当这些问题在你生命里出现多次的时候，你在舞台上就不需要再问自己了，答案会自动浮现在脑海里。

思考这些问题必须很快，因为在舞台上的时间很短暂。如果你能够辨别出这种类别的反应，或者曾经发生过同样的事情，最好的办法是用某种方法来控制这种愤怒。

分析引发这些愤怒的真正原因。

你要为此负起责任。无论如何，我们需要自己独立地感受这样的烦扰。其他人在面对同样的情况时肯定不会有与我们相同的反应，当别人指导我们应该怎么做时，会让我们感到非常不愉快。

深呼吸，然后思考你的需求是什么，以及别人的需求是什么。愤怒在告诉你什么，认真聆听它。

然后，观察哪些需求可以用来解决这种愤怒。

通过CAP拯救消极的情绪

短暂的黑暗。

在微弱的灯光下，我们看见在舞台上有三个洞口。其中一个洞口在舞台的中央，另外两个在那个洞口的后方，呈倒三角形。

此时，传来一个深深的吸气声。同时，从观众席的尽头到舞台两个上方的洞口席卷起一阵气流。几秒钟之后，从中间的洞穴闪出一道光，埃琳娜突然出现在舞台上。

她被一阵强烈的风推动着。舞台仿佛在呼吸。

现在我们对愤怒的机制有了更好的理解。我们来慢慢从内疚中解脱。

一位观众举起了手。

"我非常了解我自己。我知道自己在大多数情况下的反应是什么，但这并不能阻止我去想、去做和去说。"

他坐下了。他是一位年轻的男人，穿着正装。

非常感谢你！你的发言非常有趣。自尊心和自我认知的概念是不一样的。自我认知是我们能够自我接受的和自我喜爱的程度，是我们对自己的想法，对自己个性的感知。和自尊心不同的是，自我认知不一定要对现实做出反应。

有可能你非常了解你自己，虽然有时候你不能接受自己。

有一个练习叫作CAP［理解（Comprensión），接受（Aceptación）和原谅（Perdón）的首字母］，适用于过去和将来，你可以同时使用，这些将给你安全感和动力。

当然我们也可以应用在别人身上。

过去的CAP是在已经发生的事件中反省，寻找理解、接受和原谅自我。你可以将这些话语，以及激励自己的话放在旁边，以便更好地理解自己、接受自己、原谅自己。

将来的CAP是对未来的承诺、自信（社交能力和沟通能力，包括认识自己的权利、捍卫自己的权利，以及尊重他人而不受操控），以及主动性（由自己主导行为）。

我们来举一个例子。

有一次，我被邀请上台给我的学生们说几句话。我非常抗拒和紧张并且结结巴巴地完成了讲话，有的家长认为我这种行为是对他们的藐视。

然后，我感觉非常糟糕。当他们因为我没有及时上台，以及并不拥有很多知识而摇头、谩骂的时候，我可以把两个练习运用在其中。

过去的CAP

理解：我理解自己非常紧张。没有预料到他们会邀请我上台，显然，愤怒地拒绝是我的第一反应。

接受：我毫无保留地接受自己的行为。

原谅：我原谅了自己。这是一个不重要的小事，真正重要的是我每一天的工作。

将来的CAP

承诺：我承诺自己会在下一次演讲前做好准备。

自信：我会自信地回答，如果我不想上台，我就直接明了地拒绝。

主动性：如果我认为这对我和我的工作是好事，我将会更加主动提前预知情况，我会在拒绝公众演讲这件事上更加灵活变通。我会寻找能让自己安静以及有安全感的办法，例如事先准备一篇适合大多数情况的简短演讲。然后我再根据不同的具体情况，对这个小型演讲做相应的调整。

消极的信念与积极的信念

再次听见从大厅深处传入舞台的深呼吸声，几秒钟之后，呼吸声几乎被舞台通道的空气推到了台前。

剧院里像呼吸一样的风停止了。

埃琳娜整理了一下头发。

有时我们会对自己应该成为什么样的人有一个定义，并创造一个理想的自己。我们不停地要求自己按照自己创造的形象去做。然而真实的自己是由经验、失败、胜利、弱点、品质的积累，以及我们的觉悟组成的。

当我们只关注自己创造的理想的自己，而不关注自己的内在时，就会产生负罪感。

因此，自我认知是拥有良好自尊的基础。它可以让我们知道什么时候对自己要求过高了。

有一些声音会告诉我们"你搞砸了，你永远学不会，你是愚蠢的"，这种声音通常被称为内部批判。我们用更加友好、更加富有同情心的声音来替换它是非常有益的。那些是鼓励我们的声音，是亲热的话语，而不是给予我们无情的批判。

　　有趣的是，我们每个人通常认为自己的一些信念都是有效的，但这些信念可能是不正确的，而且常常是导致我们没有实现自己目标的原因。

　　有三种消极信念。

　　·质疑目标是否真实。

　　·质疑自己实现目标的能力。

　　·质疑实现目标的价值。

　　消极信念是由于一系列扭曲的印象和想法所形成的，这些信念被我们认为是真实且不可动摇的。

　　例如，我不适合在公众面前演讲，我不能在众目睽睽中站上舞台，我没有能力做这件事情，等等。这些想法你们觉得熟悉吗？

　　每当我站在舞台上感到害怕和不安时，我就会涌现出这些消极的限制自己的想法，长此以往，慢慢形成了一个难以解开的结。

　　社会环境、家庭环境和教育环境是非常重要的，它们制约了你对自己的看法。

　　讲一个发生在我自己身上的事情。

　　在我小时候，我妈妈总是告诉我，每当救护车声响起时，她就会害怕救护车上是否有受重伤的家人。因此，我就慢慢产生了和她一样的想法，每当听到救护车声就会紧张。

　　直到几年前，我的儿子成为了一名急救人员，在红十字会工作。

有一天一辆救护车路过我家门口，我就想我的儿子在那辆车上，但是是在救助别人，而不是受伤生病的那一个。

我发现这是一个完美的反转。恐惧感能转变为充满爱和满足的荣誉感。

我非常感谢我的儿子从事急救这个职业，帮助我彻底改变了这种错误的信念。

但是我们从父母那里不会只学习消极的信念，幸运的是，我们的父母也能使我们产生积极的信念，那些让我们增加信心的信念。

🔔 发现自己的信念练习

我建议你写下那些关于你自己的消极信念。然后，再来写积极信念。

消极的信念

_____

_____

_____

积极的信念

_____

_____

_____

摆脱产生消极情绪的扭曲思想

扭曲的思想、错误的概念，给我们带来一种不太客观的视野。

这些扭曲的思想在心理学上被称为认知扭曲。

这些思想自动地驱使我们产生消极的情绪，进而导致我们做出没有好处甚至有害的行为。

两个著名的心理治疗师——阿尔伯特·埃利斯和亚伦·贝克，对这些扭曲思想进行了分类。

我给你们讲述其中的一些。

埃琳娜的身体从脚部开始扭曲，看起来模糊不清。随着时间的推移，这个快速变幻的图像形成了一个新的角色。我们看见了巨大的鞋子、灯笼裤、一件一直到膝盖的长条纹衬衫，这种图像扭曲在她的头部变幻完成时结束了，我们看见她变成了一个小丑。她的鼻子变成了红色，脸变成了白色，一头蓬松凌乱的橘色头发向上梳着。

这是西班牙电影里著名的小丑贾维尔。

哎呀！我真有趣！但是但是但是，为什么所有人都笑了，坐在第二排的先生却还板着脸？我试图集中精力在其他人的身上而不是这位先生身上，但是我不能。这位先生仿佛偷走了我的眼睛，我的眼睛又抓走了我的思想一样。你看他，越来越严肃，他觉得我很傻吗？或许我应该甩甩手巾，让我的表演更加有趣和丰富多彩。我不知道，或许在结尾即兴创作的小伎俩比较无趣。

好家伙！！！你看其余的3000多名观众看起来非常高兴，他们都笑得前仰后合。但是这位严肃的先生还是板着一张面部发白的脸，他是一个小丑评论家吗？他是扑克脸吗？

她一边思考一边自言自语，并且在手上做了很多动作。

啊！不是这样的，不是的不是的。这就是发生在我身上的一种选择性的过滤现象，会极度专注于某些方面，通常是消极的，以隧道视觉⑦的方式呈现。

她停止了旋转。

---

⑦ 隧道视觉是指失去了中心视觉的外围视觉，视野中剩下了一个狭窄的隧道式的区域。——译者注

我能够做什么呢?

好吧,当我被这些思想所左右的时候,我会寻找机会把我当时无法感受到的积极的东西写下来。

她的身体突然开始扭曲变形,直到传出一声奇怪的响声。

突然,她停下了,舞台上毫无预兆地出现一个大腹便便、黄色的卡通人物。

他非常困惑地看着他的周围。

在整个大厅听到一声巨响。

赫马尔·辛普森是这个卡通人物的名字,他摸了摸自己的肚子。

我饿了,那是我肚子咕咕叫的声音。然后……

他摸了摸身体,像是在找什么东西。

……没有甜甜圈可以放进我的嘴巴里!

他走向了观众,挨个地问。

你有甜甜圈吗?没有?那么你呢?你也没有?该死的,告诉我你有(尖叫),不是吗?

他扯掉了几根头发。

我总是非常不走运。我再也吃不到甜甜圈了。我是一个失败者。

就在此刻，从他的头上冒出了一个三明治。不是香肠三明治，而是那种滑稽搞笑的三明治。我们知道这是他想象的，因为他还在挠着下巴，眼睛向上看。

好吧，我想我的女儿玛格丽特跟我讲过。她告诉我当遇到极端情况时，当我们说"永远""全部""从不"或者"绝对"没有别的办法时，我们都不应放弃；当我们陷入两极分化的扭曲思维中时，我们应该反思我们所做的事情是否为真理。

但是，我根本不知道她在说什么……

三明治爆炸了。

我想要一个甜甜圈！

身体又开始扭曲，仿佛身体里所有的细胞都开始躁动。当身体扭曲停止时，埃琳娜穿着长风衣戴着帽子出现了。

她又变成了一个侦探。

嗯……我觉得这里需要我的侦察，某人在想某件事情，然后我就去侦察这件事。

她从她的风衣里拿了一本小册子和一支圆珠笔，边交谈边记录。

我们来看看，第五排的那位先生刚打完哈欠。他一定感觉非常无聊。

啊，还有倒数第二排的那位先生，他以为自己被黑暗和距离遮蔽了，以为我没看见他站起来走了。我确定他不喜欢我讲的东西。好吧，这个例子更坏。

我来查看一下我的笔记。

她向前翻了几页，开始大声朗读。

当我们假设别人对我们的看法是负面的、不好的，就是我们正在歪曲思想。

在这种情况下，这种假设仅仅是一个主观的看法，没有任何客观的证据。

她查看了她的记录。

没有证据，就没有任何犯罪事实。

啊，倒数第二排的那位先生回来了，他没走。他去厕所了。

埃琳娜的身体又开始扭曲变形。但这次是温柔的。她变回了自己，头发是半松散的状态。

产生消极情绪的六种信念

还有一些信念，也会让我们无意识地产生消极情绪，这就是"人格动力"。听起来像是让情商变高的英雄，但是实际上它们是对我们的情感和决定产生负面影响的因素。泰比·卡勒和黑格斯·卡帕尔解释了我们从小时候起，是如何通过根深蒂固的错误信念来限制自己的潜能发展的。

他们提出了使人产生消极情绪的六种信念。

第一个是**我要成为完美的**。要么就做到最好，要么就不做，唯一重要的就是要完美。你不能失败，无论你用什么方法。

我们是完美的吗？

观众们回答："不是的！"

我们当然不是完美的！我们不需要它。那些有这种想法的人总是在自己做的每一件事上都追求完美。因此，他们的很多工作永远无法完成。他们需要一遍又一遍地检查。他们对他人和自己的要求非常高。他们想控制一切，以免遗漏任何一个细节。

第二个是**讨好他人**。我只考虑别人的感受，我是一个无私的人；最重要的就是让我的家人感到开心，哪怕牺牲自己也无所谓；不惜一切代价讨好别人永远是正确的，这样全世界都会喜欢自己。

你们中有人熟悉这样的说法吗？当这样的性格影响你时，你总要去寻求别人的认可。这种人很难对别人说"不"，很难去表达自己的观点。

现在所有人都看向她说："第三个！"

第三个是**努力**。如果没有努力，就没有回报；那些通过努力得来的才值得；重要的是你付出了多少努力，你是否成功并不重要。

如果这种性格影响你太深，我敢确定你只有不停工作，从不休息，才能获得满足感。如果你停止做产生效益的事情，你的自我价值将会降低。

我们来看看……

所有人尖叫："第四个！"

第四个是**太急躁**。从现在开始，我们做一个变换声音的游戏，随着后面画横线的内容来变换声音的粗细：得了吧，你不会是最后一个的；早起的鸟儿有虫吃；第一个做完的人，要做两次。

你认同这些话吗？你是不是总是很着急？你是否因为做事太急躁而不得不重复去做同样的事？像个陀螺一样转个不停……

现在轮到了……

所有人："第五个！"

第五个是**要坚强**！不要抱怨了！不要再用哭泣展示你的懦弱了；如果你展示了你的懦弱，他们就会击败你！

　　这样的性格我们经常遇到，不是吗？如果你被这种错误的信念左右了，我敢肯定你习惯掩盖你的情绪，例如悲伤或者害怕。很可能你不敢寻求帮忙，你尝试着一个人挑起所有的担子。

　　我们还剩下……

　　所有人："第六个！"

　　第六个是**要小心**。你要小心，不要陷入麻烦；这个世界很危险，你不要轻易相信；这个世界上有很多坏人；在做任何事之前，请三思而后行。

　　你是一个过度担心的人吗？你觉得危险淹没了你吗？你非常不信任他人吗？陷入这种性格的人通常会做事情拖拖拉拉，因为他们总是犹豫不决（非拖延症）。

　　灯光逐渐微弱。
　　埃琳娜走向舞台的中央。
　　突然，她转身走向那个洞口，然后跳了进去。
　　灯光熄灭。

保持专注：克服羞愧感

黑暗。

舞台传来音乐，以及埃琳娜的独白：

我人生的第一次演讲是在我出生的城市为我的书做宣传。我很期待，于是想了一些有趣的互动环节。例如，在开始之前给观众分发一些带有问题的纸。我觉得有些问题很有趣，很期待观众的回答。

演讲开始，在一个可爱的记者朋友介绍了我的情况之后，我开始介绍我书中的一些内容。

最后，提问环节开始了。正如我所料，一开始人们抗拒回答问题，我用手势邀请我之前给过问题卡的观众，然后鼓励他们回答。我很惊奇，第一个回答问题的人并没有看问题卡，他坚定地看着我，然后问："你的书真的是讲鬼怪的吗？"

　　我愣了几秒钟。片刻后，我回答："我知道你是比喻的意思。黑暗是我不想避免也不想忽视的一个重要的元素。"

　　"你和我非常像。当我们看向镜子时，我们看到的是一样的，是一只绿白色的麻雀。"他几乎没有停顿地快速回答了我。

　　这些话让我很困惑，但是我很感谢他的回答。然后我继续提问。一个年轻女孩拿着问题卡，举起了手。

　　她带着微笑。我猜她是个有趣的人，但有一点儿傲慢，我向她走去。

　　"我想让你解释一下为什么你觉得世界是圆的？"

　　我想当然地认为这是一个隐喻，谈论的是一个循环存在的概念，或者是类似的东西。她似乎在开玩笑，因此我脑海里一浮现出答案就马上回答她了。

　　我开始觉得不安，我走到坐在观众席第一排的我姐姐的身旁，当我紧张得重复自己说过的话时，她就会提醒我。因此我在想，在演讲现场能有一个家人帮助你是多么美好的事。

　　年轻女孩非常严肃地站起来，向观众说，她觉得没有文学素养的人，尤其是像我这样的，写一些没用的垃圾，填满别人的书架，然后高傲自大地称自己为文学家，是非常不道德的。

　　我听到这样的回答时，突然内心感到很羞愧。为了这两个问题我提前准备好了我的耐心去倾听。但是我不明白到底发生了什么，致使他们对我做出如此反应。我第一时间看向我的姐姐，但她僵坐在那里，面如死灰，帮不了我什么。

我对年轻女孩的意见表示了感谢，如果还有什么其他问题想问我，那么现在就可以问。她什么都没说就坐下了。

坐在观众席最后一排的一个人微笑着举起了手，我邀请他说出他的问题。那个男人站起来，详细地向我解释着一个复杂的数学运算。就在此刻我发觉这是他提前准备好的一个问题。我看了看我的姐姐，她一脸惊讶和迷茫，示意我这是一个玩笑，她也不知道答案。

我深呼吸了一口气，然后友好地回答，我不理解他的问题。如果他是想要真心分享一个有用的知识的话，我发自内心地感谢他。

场面一度变得尴尬，我不再认为这是个玩笑。他也没有要解释这个问题的迹象。我看着现场的观众，发现他们表情严肃、平静和专注。因此我决定最重要的是现在要继续我的演讲，虽然我不知道刚才发生了什么，我只要享受这种离奇古怪的时刻就好。

我继续我的提问，又进行了1个小时的问答。有一些是之前问题卡上的问题，还有一些不是问题卡上的问题，但我都能理解和回答。令人惊喜的是，我感觉非常良好，非常舒适，也非常专注。

当演讲结束时，我的姐姐走了过来。她安慰我说刚才那些刁难的人不算什么。

当我们离开时，一个迷人的女人向我走来，向我表示感谢。然后向我介绍说，她是附近一家精神病院的工作人员，她和一些病人在散步时偶然碰见我的演讲，于是决定进来看看。他们分散地坐在大厅里，对他们来说可以随意提问是非常重要的，所以才会出现最开始那三个离奇古怪的问答。

我很少因为局势的突然转变而感到非常高兴。但此刻我感到非常满足和幸运，我知道这是一次很有价值的经历。

我们为何会感到羞愧

在很长一段时间内我对自己的要求非常高。就像我在前面一章提到的，当我扮演小丑贾维尔时，我只关注到那个表情严肃的人，而忽略了其他欢笑的人。

但现在我再面对这种情况时，我觉得还好，内心很平静。

虽然我不知道在哪个突然的、毫无准备的时刻会发生这些，可能会在任何场合下发生，但是我不会做出那样惊慌失措的反应了。

我应该会嘲笑那些问题，也可能会生气，也可能会紧张，或者其他任何一种反应看起来都是合理的。

愤怒、紧张和讽刺都在告诉你什么。我们之前解释过，当你感觉被攻击、被伤害时，感觉别人触碰甚至超越过你的底线时，愤怒就会出现。

当这种不可预料的状况引发紧张感时，我们应该去关注在此刻我们真正需要的是什么。这种不安全感在告诉你什么？你觉得你需要哪些资源？你觉得你很脆弱、缺乏保护吗？你害怕出丑吗？

你对自己这种卑微的看法引发了你的羞愧。你批判自己的声音是无情的，你藐视自己的某些行为。你从别人对你的看法中看到自己，即使有可能在别人眼里你的形象是扭曲的，而别人根本就没有意识到这一点。你想象别人在评判你，虽然有时候这根本没有发生。

这是一个认知扭曲。

如果你经常发生这种状况，出现羞愧不已的感觉，那么反思批判自己的行为，观察会发生什么，自己会出现什么想法。

当你过分自大时，这种羞愧感也会出现，你不敢维护自己的想法，也不敢展示自己的性格。

常常过分自大是我的致命弱点。现在当我对此有觉悟并且工作努力时，出现自大心态的次数越来越少。有两种原因会导致我过分自大：第一种是认为能得到所有人的肯定——这是徒劳的且不可能的；第二种是认为没有人能超越我——这会让他人在与我相处时感到不舒服，让他们觉得我不够真诚，进而否定我、否定我做的事。

当一个人向我倾诉他感到不安时，我就会夸张地讲述自己的不安给他听，告诉他这种情况不仅会发生在他身上，也会发生在别人身上，以此来给他一些安慰。我现在知道真诚地支持和陪伴其实是最好的。当我和你在谈话时，你隐藏了自己或是说谎，我就会觉得不太舒服。

还有一种自大，就是在舞台上讽刺地回答他人。我在一些场合见过有人被演唱者、演员或者老师羞辱。在舞台上很容易凌驾于他人之上。在某些情况下幽默也可能具有攻击性。

在我看来，曝光某个不支持自己甚至反对自己的人，非常不明智，即使他说了或者做了一些冒犯我们的事情。

有些人在取得一定成就时就会自大，但事实上这样会带来更多的烦恼，这种自大其实会展示自己没有安全感。

即使我们要表达自己的反对意见，也要选择友好、谦和的沟通方式。

心流状态可以让人保持专注

闪耀的灯光亮起来了，如此耀眼和强烈，晃得眼睛都睁不开，尤其是在几分钟的黑暗后突然看见这么强烈的光。

舞台变成了一个海滩，有着裸眼3D的效果。观众们的位置就是海洋，海浪从那里涌向舞台，轻轻抚着海滩。

一个年幼的小女孩在观众面前建造着沙雕城堡。

她非常专注，全神贯注地把沙子装进桶里，然后用她笨拙的小手把沙子全部倒在沙滩上。

一阵带有礁石气味的微风轻轻拂过观众席。

我们仔细观察了一会儿小女孩，以及她所处的环境。那个小女孩是怎样的，她戴着怎样的帽子，穿着怎样的衣服，她的脸、她的手是怎样的，周围的环境是怎样的，海滩是怎样的。海浪似乎要爬上海滩触摸到小女孩。

过了一会儿，我们看到在观众们后面的大厅尽头，埃琳娜正在3D视觉的大海上游泳。不知道她是通过什么方法游泳的，因为没有看到任何的道具。

她游到了小女孩的身旁，小女孩几乎没有察觉她的到来。埃琳娜坐在了小女孩的身旁，帮助她用沙子堆城堡。

这是我的外甥女卡拉。她在平时非常甜美和开朗，但她现在非常专注，几乎不会给我们一个微笑。

其实她并没有意识到，她此刻正处于心流状态。也就是说，她现在完全专注于正在做的事情上，用尽她的身心。而且毫无疑问的是，她现在非常享受她所做的事情。

心流是一种主观的状态，人们完全投入于某件事情，以至于忘记了时间、疲劳和其他一切。

这是一个可以停止对现实产生扭曲意识的解药。

就像现在，或许是我的表演不够有趣，以至于一位先生非常专注于玩手机而不是看我表演。最好的解药是，把我大部分的注意力放在我正在做的事情上，把一小部分注意力放在观众身上，以防失去和他们的沟通。

我们怎样才能进入这种心流的状态？其实你在生活中早已经历过了。

进入心流状态主要有以下表现：

会产生一种令人愉快的、放松的、感到安全的感觉。我们的注意力会更集中，创造力会增强。我们失去了时间的概念。正在做的工作会进展顺利，几乎毫不费劲地就能完成，并且没有疲惫感。

当我们进入心流状态，就不会在意他人的批判，不会被别人的意见左右，也不会害怕失败。因为此刻我们专注于自己所做的事情。

进入心流状态的方法

根据米哈里·契克森米哈赖的理论，进入心流状态，有以下方法。

选择安静的时间，在没有干扰的情况下做这些练习。

1. 做你感兴趣的事。如果自己不感兴趣，就很难达到这样的状态。尽量注入一些属于自己的元素，让自己享受其中。保持创造力，寻找能让你产生好奇心的动力。

2. 全神贯注。当你发现你感兴趣时，尽量把注意力集中在你所做的事情上。就像在做冥想时，每当有思想上的干扰出现时，不要费心地压制它，而是要专注于你正在做的事情。集中注意力不是让你像一个海豹一样发呆不动，而是让你把注意力集中在某件事情上。

3. 把挑战和天赋结合起来，可以让人更容易享受其中。增加一点难度可以让我们始终保持动力和兴趣。如果挑战的难度太高，我们会被累垮，会感到焦虑；如果难度太低，我们又会感觉无聊。我们要寻找的是刚好适合我们的挑战。

4. 专注于过程，而不是结果。心流状态最主要的特点就是专注于现在。如果我们要寻求一个具体的结果，可以在感受中寻找。显然结果是很重要的，且是一个激励（我喜欢这个词语），但是这项练习的目的是享受过程，或者说是享受一个神奇的时刻。

当说到"神奇"这个词时，灯光笼罩着小女孩和埃琳娜。

海浪退回到大厅的入口。一阵龙卷风吹来，把小女孩轻轻地抱了起来，送到了她父母的臂弯。

埃琳娜在龙卷风的旋涡中，看起来像是半透明的。龙卷风逐渐减小。紧接着呈现在我们眼前的是，舞台变成了一个城市。城市里有大楼和干净的街道。

埃琳娜穿着一套职业装，但她平时从不会这样穿。

她站在人行道前，然后迈步穿过舞台，来到了观众面前。

不要专注于负面信息

你们有没有过这种情况，当你们准备买汽车，在挑选汽车的品牌和款式时，似乎就只会关注街上来来往往的汽车？

眼前出现了3D的汽车图案，所有的汽车都和她想象的一样。

汽车从舞台深处出来一直开向观众，当一辆车到达观众面前时，车的影像就消失了。坐在前排的观众发出一阵阵的尖叫声，被眼前的景观所惊吓，也感到惊喜。

一辆红色汽车准备在人行道前停下让路，但被埃琳娜用手示意继续往前开。

很多孕妇也发生过同样的事情。在你没有怀孕时，你所在的城市里几乎看不见婴儿。而在你怀孕后，你会看见很多女人挺着大肚子，或者推着婴儿车，带着刚出生的婴儿。

现在，站在她旁边的是她的侄女克里斯提娜、桑德拉和桑麻。她的三个侄女都挺着大肚子，一起微笑着穿过人行道，同时路上的汽车都停下来，以示对孕妇的尊重。

她们三个一起走到了马路对面，埃琳娜向她们三个挥了挥手，然后转身朝向观众。

我们知道这不是魔法，也不是巧合，只是把注意力放在了某物上。当你专注于它，开始为它花费精力时，你就会发现它总是出现在你的身边。

就像买车就会关注车，怀孕就会关注孕妇和婴儿，如果你在意你缺乏安全感，你会找到任何借口去证实它，哪怕这会扭曲了事实真相。

因为你的注意力会追踪你所有的缺点：你的工作不好，你不会衡量得失，你是一个蹩脚的骗子，你没有充足的准备，你不够聪明，你又胖了几斤，你脸上的粉刺使你变丑了，你在工作时不够勤奋，你没有太多的天赋，你缺乏创造力，你有点儿反社会，等等。

哎，真累，真烦人，不是吗？

事实上关注缺点非常重要，但更重要的是，我们要减少这种使我们感到不安、不自信和失望的关注。

在生活的所有方面，即使我们没有察觉，也会经常被所谓缺点左右。

事实上，我们的一切不太受人喜欢的缺点似乎都是通过自己的努力得来的。

我自私、多疑、反复无常。

这种令人烦扰的感知，其实我们是在自己之外发现的。我们用消极的眼光看待这个世界，我们经常去关注那些不太重要的东西。

我们能在媒体上清楚地看到这一点。有大量的新闻会报道一些负面的信息，悲伤的、令人不愉快的，或者是一些关乎别人隐私的新闻。

这些负面新闻会给我们带来什么后果呢？通过媒体去看一些使

我们感到不高兴的新闻，看起来这些新闻很重要，但这种专注会转移到个人领域，让我们更专注于自己和他人不喜欢的事物。

媒体报道的可怕的新闻一定是真实的吗？

我们的缺点是真实的吗？

当然是真实的。

但是过度关注自己的不完美、缺点和失败，会导致我们对现实、对自己形成扭曲的、片面的看法。

关于社交媒体是怎样报道新闻的，有一些有趣的研究。有很多资源和方法可以使我们沉迷于电视屏幕，例如图像、声音、颜色、动作，从这些报道中传达出的情感往往是夸大的。因此，我们会认为这些新闻比其他的都重要，几乎占据了整个思想。

我们可以试着转移注意力。就像我在很多场合说过的，我们不能改变心态，也不能奢求回报，最好的办法就是转换思维。

🔔 告别负面情绪练习一

三种令人高兴的情绪可以抵消一种负面情绪。因此当我们专注于令自己不愉快的缺点时，我们可以在脑海中重复想自己的三种优点。

🔔 告别负面情绪练习二

感恩他人和自己为自己做的一切。

在社交软件上，我一直在发布"我今日想感恩……"，到目前为止结果非常好。我们会双赢，因为收到感谢的人会感到非常惊喜和高兴，我也会在脑海中回想起一切发生在我身上的好事。

不论你是一个倾向于把注意力集中在消极的事物上的人，还是一个非常乐观的人，都要把发生在你身上的好事——从最微小的事情到一些伟大的事情，都写下来，这将帮助你的内心得到平衡。

舞台的城市背景里闪耀着一个广告牌，上面写着几句话："感谢你能来。""感谢你的阅读。""感谢你的倾听。"

突然，所有的布景元素（大楼、汽车、人物、交通信号、闪耀的广告牌）开始逐渐缩成非常小的玻璃球。埃琳娜把这些玻璃球从地上一个一个地捡起来。天花板上降下来一根塑料管，把她手中的玻璃球逐一吸了进去。

灯光熄灭。

中场休息

我们在休息时经常做的一件事就是看手机。但此刻我建议你不要再看了，最重要的是高效地休息。一起试试下面这个练习吧。

🔔 休息练习

列一个优点清单，当你认为哪个优点最能定义自己，你就去关注它。

闭上眼睛想象一下你正在做的一件能体现自我价值的事情。

例如，你的优点是开朗，设想你正在进入一个地方，感受一下快乐充满了整个房间，你在微笑，其他人也在微笑。

让你的身体感受此刻的情感，识别你的感受。

用尽可能多的细节再现这样的场景，可以是虚构的，也可以是真实发生在你身上的。

观察一下，你穿的什么衣服，你的头发是怎样的，你的身体感觉怎么样，姿势是怎样的。

然后，在脑海里想一句积极的话，并且不断重复，这样可以增加你的安全感。

以开朗的品质为例，这句话可以是这样的：

"我××（你的名字）用我的开朗激起别人的热情。"

好了，现在是时候让自己好好休息了……

第二幕

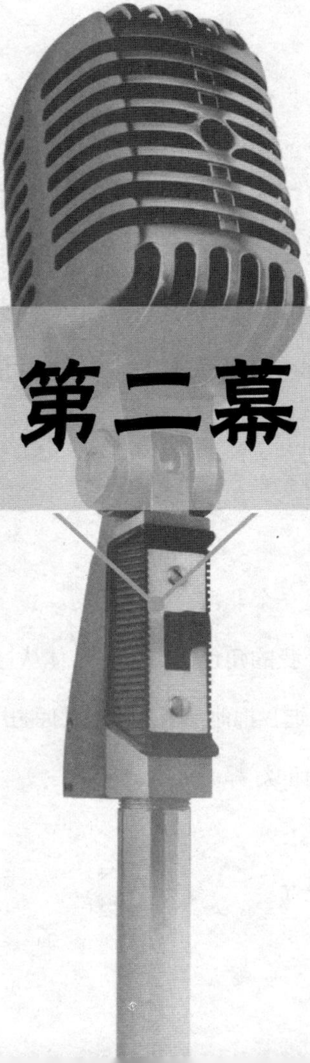

有必要不开心吗：克服演讲恐惧

舞台背景变成了一个20世纪70年代风格的乡村别墅。它非常大且豪华，但是夜晚的黑暗让别墅看起来有些诡异。

一楼有两个大窗户，二楼有三个窗户。只有二楼的灯是亮着的，但有些昏暗。接着，灯一盏一盏地熄灭了。几秒钟之后，一楼窗户的灯亮了。

传来伴有混响的旁白声。

我在马德里演过一个非常有趣的喜剧。

在那次表演中，我的角色是负责把尸体从这一头挪到那一头。

有一次，凶手强迫我把他刚刚杀死的女佣的尸体藏在沙发下面。

在那一刻，所有的灯都熄灭了。

舞台上的灯熄灭了。

当时在场的演员（凶手、被谋杀的女佣和我）开始即兴表演，就像熄灭灯光是预先设计好的一样。而且我们认为灯光很快就会恢复，只是暂时熄灭了而已。凶手和我在即兴表演，女佣只需继续装死。虽然扮演死人是非常困难的，但在黑暗中要容易一些。

然而，几分钟过去了，灯还是没有亮。

突然，一个观众用怜悯的声音尖叫着："快把沙发下那个可怜的死人拽出来，要不然她就真的死了！"

全场哄堂大笑。当然，我们也笑了。

越来越多的观众响应了这一呼吁，开始高呼："快把死人拽出来，快把死人拽出来！"

在笑声中，我们需要确认扮演死人的演员安然无恙，直到她发出笑声之后观众们才安静下来。

同时，灯光亮起来了。演员们稍微停顿了几秒钟，重新开始表演。

如何应对观众突然哄堂大笑

舞台变成了白天。那栋别墅被阳光照耀着，看起来更加美好。

传来白鹳"咯咯咯"的叫声。

如果遇到类似的情况，你会怎么办？一个喜剧以这样的方式结尾其实是挺好的，但真正的喜剧表演是严肃的，观众突然哄堂大笑，会导致演员花费很长时间才能重新进入角色。

最理想的状态就是，当发生了引起观众哄堂大笑的事件时，最好就让观众尽情地笑，不要突然扫了他们的兴致。当然，前提是没有发生严重的事故。

我们需要知道的是，如何在这样的情况下即兴发挥（包括生活中的每一个场合），首先尝试一下就像突发的意外是自己预先准备好的一样，尤其不要让观众扫兴离开，要激起他们的兴致。

当演讲时出现了观众哄堂大笑或其他骚动时，试着专注自己的内心。生活就是这样充满未知和激情。当一切都恢复正常时，需要几秒钟来平复自己的情绪，然后重新进入角色。

遇到这种突发情况时，我们需要想一想应该与面前的观众分享些什么。可能我们会突然发现一个方法，帮助我们打开一个意想不到的新局面，让我们能够向观众准确地表达真正重要的东西。

我还发生过一件与此相似的趣事。

八年前，我开展了一个关于恐惧症的讲座。当时在讨论我们内心都住着一个曾经受伤的小孩，我们如何在成年后利用现在的知识和力量，保护和照顾内心那个小孩。当我开始讲解这一点时，发现有一个大概两三岁的小孩与他的父母一起听讲座，突然，小男孩挣脱了他父母的怀抱来到舞台上，在我周围跳动。

虽然我的注意力被分散了几秒钟，但是我意识到，刚好可以利用这个小孩来完美说明我刚才所讨论的内容。此后，小孩一直坐在我的腿上。当我们准备把气球当作鞭炮来结束整场讲座时，我低下头给他解释即将要发生什么，让他不要害怕，我会跟他在一起，他即将听到的鞭炮声其实非常有趣。

灯光熄灭。

我们混淆了恐惧与健康的情绪

舞台上空开始慢慢亮起来。这些光慢慢扩散至整个剧场的天花板。我们发现是一些星星，天花板上出现了一个美丽的星空。

突然，观众的座椅开始向后倾斜，所有观众突然躺下了，就像在天文馆观赏影片一样。

耳边传来埃琳娜的低沉的声音。

太棒了！我们正在沙漠中欣赏美丽的星空。没有光污染，我们看到的天空如此清澈透明。

我们的生活经常如此，环境被很多有害物质污染，阻止了我们欣赏那些始终在我们周围的美好事物。

我在做过的两个调查中惊奇地发现，有人觉得在遇到好事之前，过得糟糕是一件很正常的事。痛苦说明我们正在严肃地、用心地对待我们所做的事。

导致我们产生这种想法的原因，除了"努力"这个人格驱动力之外，还有哪些根深蒂固的社会观念？还有罪恶感和用自我牺牲来赎罪的思想。这些观念使我们相信自己所做的工作应该是非常漫长且痛苦的。

成功不等同于痛苦。

规矩也不是僵化的。

我认为，我们把健康情绪的神经状态与恐惧（或痛苦）时的神经状态混淆了。

当我们身上发生了一件不寻常的事情时，我们会感到眩晕、紧张、不安或兴奋。

这很正常，并不是恐惧，我通常不予理会。当我们越想要打败什么东西时，这个东西就会越强大，因为我们太重视它了。

如果我们能够明白这只是一件普通的事情，是一个符合逻辑的正常表现，我相信这些紧张感会随即消失。

我们可以做放松练习和呼吸练习，但是做练习的目的并不是消除紧张，而是让我们更好地集中注意力，更加平静。

为什么会不开心？是因为我认为自己不能胜任自己的工作，还是因为自己应该受这样的折磨？我是否花费了很多时间来思考我已经做的事和想做的事？

下面是一些关于上述问题的回答。

首先，我们要区分这些到底是什么情绪。

如果我们害怕达不到要求，那就重新审视这个要求，用一种更加亲切、更加温和的声音来替换掉内心的批判声。

如果我们感到痛苦，是因为产生了一个过于理想的期待，而这个期待并没有尊重真实的自我。

你知道，除了"我应该""我要"……还有一些更实际、更好理解、更现实的想法："我喜欢""下一次我需要尝试"……

天花板上的星星开始聚集在一起。这是一个震撼人心的场面。光点像树枝一样缠绕在一起。

然后，这些光芒伸展出来，像闪电一样发着蓝色、粉色和金色的光芒。

这光仿佛有生命一样。

这些光象征了我们神经元的连接。

我们的神经系统运转得非常好！

排除恐慌的练习

天花板的灯毫无预兆地熄灭了，观众的座椅也回到了原来的位置。当椅子靠背接近垂直时，又突然向前倾斜。地板被照亮，整个观众席的座椅开始慢慢移动。现在天空在观众脚下，一辆巨大的过山车投映在幕布上。座位跟随着虚拟的过山车晃动起来。

几秒钟之后，一切停止了。观众的座椅恢复了原样，整个大厅也恢复了剧院的模样。

舞台灯光亮起，主持人埃琳娜坐在高脚椅上。

我希望你们刚才没有感到恐慌。

当你知道这不是真实的危险时，其实非常有趣，不是吗？但是当你遇到一个意想不到的、真实的危险时，就很容易感到恐慌，除非你是一个非常喜欢冒险的人。

有时我们感觉到自己的生命好像不受控制地依靠一些本不是很重要的东西。这看起来非常荒谬。

当我们感到恐慌时，我们能做些什么？

聆听它，理解它，接受它，思考一下我们需要的是什么。

我们需要相信自己，需要换位思考，需要有充分的准备，需要关注积极的一面……

当我们感到恐慌或者不安时，可以做下面这个非常简单的训练。

🔔 聆听恐慌的练习

如果你是右利手（右撇子），那么就用你的左手；如果你是左利手（左撇子），就用你的右手。

把你觉得在公众面前感到害怕的事情写下来。那时令你感到恐慌的是什么？

如果你在思考的时候卡住了，就写第一个想到的事情，无论是什么。

_____

_____

_____

现在，把笔换到你们常用的那只手来写。

把你现在的需求写下来，做些什么可以满足你的这些需求。

_____

_____

_____

上面这个简单的练习可以发现很多东西。

你可能已经注意到，当你用不太常用的手写字时，写下的字就像小时候写的一样。

据说用不太常用的手写字能够让我们更容易地获得一些潜意识的信息，发现一些我们平常没有关注的信息数据。

我们总会有感到不开心的时候，我们可以思考一下我们在此刻最需要的是什么。

灯光再次熄灭。

在逆境中披上幽默的外衣

几秒钟后，当灯光再次亮起时，埃琳娜已经不在舞台上了，而是出现在观众席右边的走廊上。

也许你在当时需要的是远离令你不开心的问题，或是专注于令你开心的另一件事，抑或是用另一种眼光看待问题。就像我现在看你们一样，不是看你们的正面，而是关注你们的侧面。这叫作水平思考[8]，从另一个不太常规的角度看问题更具有创造性。

这就是幽默的一种方式，在日常中看似很荒谬。这种方式能让你从困局中脱离出来，用一个新的角度看待它。

没有什么比穿上幽默的外衣更能使情况不那么戏剧化。通过保持足够的距离来观察你之前没有感知到的事物，然后让自己的想法更加富有想象力。

灯又熄灭了几秒钟。当再次亮起时，埃琳娜穿着蛋糕裙站在观众席的左边。

如果我在一场充满舞蹈和合唱的节日活动上穿成这样还说得过去。但如果这是我在妇女研讨会上的着装，那肯定很怪异。当人们觉得自己想要传递一个意义深刻的信息时，穿着一些特别的服饰是很常见的。

---

[8] 水平思考即从侧面思考，而不是从正面来找到解决问题的方法。——译者注

灯又熄灭了。

三秒钟后，灯再次亮起，埃琳娜穿着蛋糕裙回到了舞台上，并在高脚椅上坐下。

拿一个令你感到不舒服的情况来举例，与其纠结应该怎么做，不如给自己披上幽默的外衣。

换一种方式来看待这种令你感到不舒服的情况。

假如，你在一次面试中，在与面试官讲话时突然语塞，你感到面试官对你开始不耐烦，你为此惊慌失措，但是你无法改变这种现状。

你太害怕不能得到那个职位了。

在离开时，你很自责，因为你没有保持一个良好的状态。你甚至开始骂自己把面试弄得一团糟。这一切真烦啊！

晚些时候，你又回想起面试时的身体姿势也为自己减分了。当时你的身体向前倾，手臂抱在胸前，眼睛看向下面。你对自己的身体反应感到困惑。

首先，你要明白这是一种自我同情的身体反应。你在面对面试官和当时的情况时，你的自主神经系统引发了你身体的一系列行为。虽然这种行为让你感到困惑，但它是一种身体的本能反应。

然后，你可以跳出这个问题去思考，用一种幽默的方式看待这个问题，这样你会感到轻松很多。

🔔 幽默练习

你可以这样假设：

我想我看起来很好，因为我今天的面试失败了，我以前从没有这样的经历，这太神奇了！为此，我编排了一个失业者舞蹈：向下看——唉！其实我很大胆，但我不敢看你；双臂交叉——以防我去抓一只苍蝇；弯腰驼背——以防我被别人发现；口齿不清——不能让别人知道我在说什么。

最后，我用屈膝礼来结束了我的失业者舞蹈。

接下来，我们可以继续用上面的方法，创造一个完美的表演。首先，保持适当的姿势。然后，搓搓脸、清清嗓，以防说话结巴。最后，把我们创造的幽默练习牢记在脑海里。

我花费了将近30年的时间来讨论有关幽默的定义。我认为，玩笑和侮辱是两个概念。

侮辱别人和自己是不可取的，因为这是一种愚蠢的行为，是对他人和自己的鄙视。

当我们开自己的玩笑时，经常会说出很多自己的优点。继续用前面面试失败的例子来说，认为自己无足轻重，只是一个短暂的情绪，这和骂自己是个笨蛋是不同的。当有人笑话自己或他人时，通常会说什么样的话呢？

"你在开玩笑吧！"

"他很可爱，你没看到吗？"

大脑可以理解语音语调，可以解读词语。当用一种侮辱的语调说侮辱的话时，才是真的愚蠢。

幽默可以为沟通搭建一座桥梁，提出不同的看法和角度，给某些情况或行为做出新的解释。

在我看来，虽然幽默确实可以为我们带来很多好处，但并不是所有事情都可以通过幽默来解决。我知道前面这句话会让你们感觉很奇怪，但我确实认为幽默有一点被高估了。

在浪漫主义时期出现了一种否认乐观主义的潮流，将其与愚昧联系在一起，并将悲观主义看作智慧和文明的同义词。

到了20世纪中叶，即使是在一个否认乐观主义的社会里，伯特兰·罗素（诺贝尔文学奖获得者，分析哲学专家）依然敢挑战当时的观念，认为乐观主义是一种明智的生活方式。

在我看来，由于钟摆效应⑨的影响，乐观、幽默和开朗等概念已经变得非常普遍。

不要在幽默与乐观中迷失自己

我认为幽默不是永远有效的。在生活中有很多不如意的时刻，在某些情况下，必须活在当下，接受已经到来的一切，哪怕可能会短暂地忘记了乐观。

每件事都有不同的情况，一味地使用幽默，并不一定能产生好的结果。

我和多名幽默大师合作过。如果幽默可以治愈一切不好的东西，那他们（或我们）就可以对一切不好的事情免疫了，他们（或我们）会一直幸福，会拥有一个百毒不侵的身体。真的有人期待这样的幽默吗？

但现实是，我发现很多幽默家都有抑郁症的倾向。他们感到悲伤和缺乏安全感。

我的结论是，在通常情况下，幽默只是一种必要的策略，帮助

---

⑨ 钟摆效应，心理学名词，是指人类情绪高低摆荡的现象。——译者注

那些高敏感的人面对戏剧般的生活，摆脱暂时的痛苦。

但讽刺的是，幽默并不能使我们的灵魂得到安慰。

笑是神奇的，它代表着我们到达了快乐的极限。我也知道笑给我们带来了巨大的好处。但是我们不能总是去寻找笑容，也不能把幽默放在首位。在某些情况下，一个人自然、真诚地表达情绪其实更有效。

如果你是个有趣的人，那非常好。如果你不是，那同样也很好。

如果你是乐观主义者，你就会有一种往积极方面思考的趋势。如果你不是，那也不错，你并不会因为不乐观而变得世俗，因为乐观和天真一点关系也没有。

在我去换装之前，我要给你们讲一个小对话，我很喜欢这个对话，因为它反映了一种荒谬。

一个乐观主义者和一个悲观主义者见面了。

乐观主义者注意到悲观主义者很沮丧，于是问他：

"安东尼，你怎么了？我发现你很沮丧。"

"我该怎么告诉你呢，马里奥……我现在非常绝望。如果继续这样，我将会失去我的工作。我和我的老婆会越过越糟糕。我的女儿什么也不做，还总是发脾气。我觉得我快得心脏病了，这一切都太糟糕了！"

　　然后马里奥回答他：

　　"没关系的，伙计，你会好起来的！"

　　埃琳娜离开高脚椅，站了起来。

　　你处于什么境况就是什么境况。虽然你总会找到方法让境况变好，但是不要忘了境况是真实存在的，不要选择逃避。

　　没有必要过得不开心。

　　即使在某一时刻你过得不开心，但这一切终究会过去的。

　　不要伪装，做真实的自己。

　　痛苦的事情不值得我们去关注。

　　也许，你在过去的某一个时刻，受到过打击。可能是你在公众面前做演讲的时候，又或许是因为某个原因，你遇到过类似的情况。也有可能这件事情根本没有发生在你自己身上，而是你看到了它发生在朋友身上或者电影里，你并不是那个遭受痛苦的人。

　　很可能你都不记得那件事了，你只是有一些零散的记忆，但是你有一种强烈的害怕的感觉或者不安全感。

　　我重申，现在你是另外一个人了。一切都过去了。现在你知道那些细节其实没有那么重要。你比你想象的还要强大。你有足够的能力超越它，甚至从中学到宝贵的经验。

你可以把注意力放在你想要得到的东西上，聚焦于发生在你身上的那些积极的事情上，学会从不同的角度看问题。

了解自己，爱自己，你就能更好地接受自己。

只需要进行简单的呼吸训练，你就可以将自己从过往的思绪中拉回到现实。你现在吸入空气，对，就是在此刻。空气充满了你的肺部。现在当你呼气的时候，随着吐气把紧张感和过去的思想一并吐出去。

过去已经不复存在了。未来还没有到来。

现在你清楚地知道危险并不是真的。无论怎样，不会发生任何不好的事。

不要迷失自己，没有比这更重要的事了。

通过跳舞来调节情绪

她从衣服口袋里拿出手机，开始找一条信息。

前些日子我发现了一种让自己和无意识（我的思想）相联系的方法。

　　有一次，我在一个客人超级多的饭馆吃午餐，我感觉越来越不舒服，甚至非常惊恐。我想找个安静的地方躲起来，但是我不能，因为这不是我生活的城市，是朋友们开车带我来的。

　　我突然想用短信把这种感受记录下来。一开始，我随意地输入字母，没有看，也没有打空格。然后，我用字母拼成了单词，一些我瞬间想到的单词。这些单词组成了一条不知所云的信息。这条信息只是一些字母：

Hra s bn oet. Lq rce abso dfcl⋯

最后，我把语句理顺，翻译为：

　　　　现在是美好的时刻，那些看起来荒谬、难以理解的东西，其实是有意义的。

　　　　为了把自己从悲伤中拯救出来，你可以唱歌、跳舞，还可以用幽默来保护自己。**当你真正毫不费劲地玩耍时，意味着你已经获得伟大的灵魂了。**创造力是一种重要的力量，但是它的自然状态是不可控的。它以波浪形蔓延，可以与你忽远忽近地游走，你可以和它发生共振。

　　　　为了最大限度地利用我们的能量，并且让它流动起来，我们要净化它，塑造它，鼓励它。不要因为某个突发事件而惊呆，更不要欺骗自己，不要让自己沉浸在无意义和虚假的存在之中。我们都喜欢玩耍，所以只需要把每个时间看成游戏的一部分，能量便能快速且野蛮地生长。它不会阻碍我们，反而滋养我们，使我们平静。然后我们再选择想要的方向。

直觉也很重要。

这个世界的天空是美好的。

我们是孤独的个体，聚在同一个地方。

好吧，在这条信息之后，我们只剩下跳舞和玩耍了，你们觉得呢？

我们在这里所做的一切都是一场游戏而已。

跳舞不会比我们之前的经历更差。

观众中一个女孩举起了手："打扰了，但是，你是不是在讲跳舞？"

我是在建议你们做一些热身练习，虽然还没有到跳舞的那一步，但是我们现在就来跳吧！

请你们从座位上站起来……

观众席的座椅折叠了起来，和地面成直角。地面上打开了一道槽，观众座椅被藏在下面，就像舞台上的自动升降柱。

彩灯照亮了整个大厅。柑橘和薄荷味弥漫在整个空间。

四周响起了摇滚乐。

所有人开始跳舞。有些人一开始还比较害羞，只是动动脚。过了一会儿，越来越多的人像小孩一样，更加天真，更加有趣，开始在大厅活蹦乱跳。

几分钟过后，音乐停止了。

观众们发出请求："再来一个，再来一个！"

好吧，我们邀请一个人来放他喜欢的音乐。

"我们可以放迪耶哥·托雷斯的《希望的颜色》吗？我很喜欢这首歌。"后面传来一位男士的请求。

当然可以！

音乐响起了，所有人又开始跳起了舞，有了更多的眼神接触。

音乐停止了。

灯光又照回舞台上。

注意观众席座椅要出来了。地面上亮起了荧光指示灯。

观众座椅升上来了。现在，用来放饮料的扶手洞里，有了一小瓶水。

大部分的观众都渴了。埃琳娜也从凳子边拿起一瓶水开始喝。

在开始之前，我们要首先深呼吸……（停下来喘口气。）

我相信你们很多人都了解跳舞的好处：

· 提高主观幸福感。

· 增强自信心。

· 平稳情绪。

· 增强体质，使自己更健康。

· 增加生活喜悦感。

· 提高身体的协调性和灵活性。

· 提高创造力。

· 使神经系统得到平静，增加幽默感，减少疼痛感。

· 提高免疫力。

跳舞是调节情绪的最佳方法之一。

在公开演讲之前，你可以在家里先洗一个热水澡，然后放一首你喜欢的音乐来跳舞，这样可以缓解你的紧张感。

除此之外，你还可以在出门之前听一会儿歌，或是喷一些自己喜欢的香水，让自己有一个更好的心情。

告别讲话声音小

观众中有人说："每当我在公众前演讲时我总感觉非常糟糕，因为我说话声音很小，当人们说'我听不见''大声点儿'时，我就很紧张、很恐惧。"

谢谢你的发言。其实我要跟你说的是，我听得见！我们能够非常清楚地听见你说的话！

那位观众笑了，说："其实我非常喜欢跳舞，我认为跳舞很鼓舞人心。"接着，他坐下了。

那么，当你觉得你能做好一件事情时，你就会很开心地提起它。

我们讲话时，声音从我们身体里传出来，我们的身体能够掌控它，就像我们在重金属演奏会上看到过的，一个吉他可以被吉他手扔出来。

当我们跳舞时，我们的身体在律动时就会产生能量。艺术的舞动可以建立一个被感知的振动场；而声音虽然只是我们身体的一部分，也是可以从身体里抛出来的，就像扔球、扔吉他一样。

能够知道这一点，我们就赢得了很多。因为我们可以用声音来吸引观众的注意力。

🔔 抛出声音的练习

如果我想在礼堂上演讲，我必须使我的声音大得让最后一排的人都能听见。

不是提高音量的问题，而是集中注意力把声音抛向那里。

你可以先在家里练习扔球，扔向房间里的不同方位。

然后，同样地向这些方位抛出你的声音。首先抛向比较近的地方，然后抛向远处。用简短的话开始，不要忘记用正确的呼吸，背部和头部保持直立挺拔，不要仰头或低头。

你会渐渐发现，在毫无察觉的情况下你已经能够控制自己的声音了。

有个观众抛出了一个球。

埃琳娜尝试着去接球……但是失败了。

她追着滚动的球跑来跑去，最后终于抓住了它。

好吧！我们来玩一个游戏吧！

我抛球给一个人，然后他接住球。我对他说一句话。这个接到球的人把球传给另外一个人，扔得越远越好，然后他也说一句话，尽最大努力让说出的话清晰，让接球的人听到。

来吧。

埃琳娜用尽全力抛出一个球。球飞到了第一排。她的继女安娜接住了球。

安娜笑着说："你真有力气。"

埃琳娜也笑了。

你好，安娜。是的，我扔得非常用力。因为你离得比较近，所以我不需要把声音投射得太远。感谢你出现在我的生命中。

"不客气。"安娜微笑着说，"我现在抛出球，然后对接住球的人说一句话，是吗？"

是的。就像你是一个女演员，好好放出你的声音。

安娜用双手抱住球往后做预备动作，然后扔得很远。几乎扔到了观众席的最后一排。

一位年轻人接住了球。

"你好，我不知道你叫什么名字，但是你长得很像我的表弟。"安娜用练习声音的语气说着。

男孩一脸惊讶地接住球，然后把球传给了他前面的人，同时吹了一个哨。

接住球的女人把球扔到了前面，她用了很大的力气，球又到了埃琳娜的手上。

"我需要说些什么吗？对谁说？"最后抛球的女人问。

是的，对我说。我是接住球的人。我能很清楚地听到你说的话。你明白我想说的抛出声音是什么吗？

"是的，当然。但是我想，明白之后还需要多加练习。"

你说的对。谢谢你。

埃琳娜把球扔给了她的侄子约纳斯，然后她侄子又把球扔给了卡拉，那个做沙雕城堡的女孩。她发出高兴的尖叫声。

观众哄堂大笑。

灯光熄灭。

我应该做些什么：临场发挥

　　舞台沐浴在一丝微弱的黄色灯光中。在这样微弱的灯光下，舞台上有一些很难区分的包裹，像是一些不同尺寸的包装箱。

　　传来埃琳娜的说话声。

　　这件趣事发生在我和索莱达·马洛尔表演幽默二重奏的第一个阶段中。

　　事情过去得太久了，以至于我都不记得是发生在我身上还是她身上。我记得应该是发生在她身上。

　　在表演中，我们会举起一块矩形的舞台幕布，当作舞台上的临时更衣室。

　　在临时更衣室换衣服需要动作非常快，因为当一个人更衣时，另一个人在舞台上对观众讲故事。

　　当她换好衣服从幕布后面出来的时候，我看见她拖着一条尾巴，就像一匹马。观众们忍不住哄堂大笑。她不知道发生了什么，但是我知道，我看向她，使了个眼色，想告诉她，她坐在衣服上时，她的胸罩挂在了她的丝袜上。

我尝试给她暗示，但是我笑得说不出话来。观众和我都在不停地笑。

而她在一开始的时候感到很困惑，因为她什么都不知道。之后她发现了这些笑声的原因，也跟着大笑起来。

好消息是，大部分观看表演的人以为这是事先准备好的。

这种事情经常发生在我身上。被设计好的元素可以让人们震惊，他们认为是偶然情况，反之亦然，就像在刚才那种场景里。

在短暂的休整之后，我们可以重新回到刚才的表演中。

如何面对莫名其妙的笑声

在面对类似的情况时应该怎么办？

我们在上台之后要面对很多，例如，面对观众莫名其妙的笑声时，我们就会害怕，大脑一片空白。当我还是小女孩时，我同样也会有这样的害怕。我总是在学校的正式活动中发出笑声，然后老师就会训斥我。

笑是一种机制，是身体释放积压已久的压力的一种方式。

因此，第一个建议就是用正确的方式去释放我们的压力。

在上场之前，我们可以做一些有益健康的练习，用身体作为杠杆来调节情绪，例如前一章提到的跳舞。除了跳舞，步行到演讲的地方也是一个不错的选择。如果可以的话，当天或者前一天去游泳也很有用。

如果莫名其妙的笑声已经出现，最好的办法就是和观众们一起笑，让他们理解我们。

临场发挥其实很简单

灯光开始加强，很亮。

埃琳娜绕着舞台走了一圈，最后站在舞台前，面对观众。

这些情况就像大多数意外一样，在平常生活中也会出现，最好的办法就是临场发挥。那些临场发挥总是很有趣，演员可以顺应现场的变化，表演具有很高的灵活性。

当你懂得怎么去临场发挥，你可以应对各种情况，在最后观众们可能会想，这是事先准备好的。

如果做不到，那么让我们和观众们有一样的反应，观众们也会非常理解，甚至会感谢我们带来节目之外的惊喜。

我们可以来玩一个游戏。我们来思考三个能让我们感觉没有安全感的自身特质。

为了保证游戏的效果，这些特质对于我们来说必须是真实的，在现实的范围内。也必须是在当前这个时刻想到的，这样我们的大脑就会相信它正在发生。

这些特质可以是打消信心的句子。

例如以下三个句子：

·我总是不走运。

·我是个胆小鬼。

·我只有做这个工作才会开心。

我们来想办法消除这三个特质……

有一名观众打断道："这些和临场发挥有什么关系？"

有关系的，我正在讲，马上就会讲到，请您耐心一点。

让我们有安全感的特质可能会是这些：

·我是一个幸运的人，我有一些对于自己很重要的优势。（第一句）

·每一天，我都比以前更加勇敢和坚强。（第二句）

·我的快乐来源于我怎样理解我自己的做法。（第三句）

好了，我们来对每个新的特征想一个临场发挥。

我需要两个志愿者。

那个接住球的女人和坐在第四排的留着长胡子的男人，走了出来。

非常好，谢谢你们能上来。你们的名字是什么？

"我叫玛嘉。"

"我叫阿尔弗雷多。"

很高兴认识你们。我想请你们用这句话做一个临场发挥：我是一个幸运的人，我有一些对自己很重要的优势。

你们可以想怎样做就怎样做，唯一的规则是你们需要倾听对方说些什么，然后构成一个对话，两个人之间的对话持续几分钟。我就站在这里看着你们。

她右脚迈出去。长胡子男人向她点头。看起来他非常有信心。

玛嘉做出思考的样子，走向舞台布景中的一个箱子，并坐在了上面。她正要开口说话，然后又闭嘴了，转了一圈走向埃琳娜，问道："不好意思，那句话是什么？"

埃琳娜回答了什么，但是观众听不见。

"我是一个幸运的人，我有一些对于自己来说很重要的优势。"

"啊，是这样的。"玛嘉回答道，"好的，我准备好了。"

"我看到你独自坐在一个箱子上，然后走向你。你觉得可以吗？"阿尔弗雷多问道。

"好的，我觉得棒极了。"

阿尔弗雷多走开了些，然后背对着观众。突然转身，然后开始在舞台上奔跑，跑了好几圈。同时，玛嘉坐在箱子上面看着他。

阿尔弗雷多停止跑步，坐在了玛嘉的旁边，他夸张地喘着粗气，感觉很累。

"嗨，早上好。"他断断续续地说。

"早上好。"她回答道。

阿尔弗雷多目不转睛地盯着玛嘉。

"抱歉我冒失地打扰，但是，您是拐角处那家艺术品店的吗？"

"是的，我是。"

"我之前去过，听说您把店关了，太令人遗憾了。"

"是的，生意没有以前那么好了。"

"真不走运！您肯定很伤心吧。"

"其实我不太伤心。我是一个幸运的人，我有一些对于自己来说很重要的优势。我有好的身体，有美好的人爱着我，这是改变现状的机会。真是振奋人心。做决定的时候很难，但是一旦我做出了决定，我就会对我的下一段职业生涯充满希望。"

"我很高兴您能这么说。我很受鼓舞，因为我正处在职业的瓶颈期。我要向您学习，尝试着以这样的方式去思考问题。非常感谢您，早上好。"

"早上好，加油。"

那两个人从箱子上起身，慢慢走开了。

观众们热烈地鼓掌。

埃琳娜也鼓着掌走了出来。

阿尔弗雷多和玛嘉微笑着鞠躬。

非常好，非常好！真令人震撼！你们表现得非常棒！真是非常精彩的表演！你们感觉怎么样？

"比我想象中的好。"玛嘉说。

"我感觉非常好，我喜欢这种临场发挥的感觉。"阿尔弗雷多回答。

你们事先知道自己需要做什么、说什么吗？

"其实我不知道，"阿尔弗雷多说，"我只是想到什么说什么。"

"我想了一件事情，但是当这位男士问我关于店铺的事的时候，我就随着他那样说了。"

这就是临场发挥的神奇之处，它其实很简单，只需你去倾听，然后去适应现场的情况，忘掉那些预想好的点子。

你们还想说些什么吗？

"我想说，"那个女人回答道，"当我最后说'我是一个幸运的人'这句话时，我发现自己真的感到很幸运。虽然，生活中的一些事总是不尽如人意。"她笑着说，"我说的话都是真的，我感觉非常棒。"

　　非常感谢你们两位，阿尔弗雷多和玛嘉。现在你们可以回到座位上了。请为他们鼓掌。

他们回到了观众席。

找到演讲的根本动机

　　即兴演讲就是一种临场发挥，可以帮助我们更好地确定属于我们的特质，让这些感觉和自己合为一体。

　　当然，最理想的情况是，两个以上的人一起做这些练习。可以在生日聚会、朋友聚会、家庭聚会上做，也可以在课堂上做。

　　这项技能帮助我们适应生活中和演讲中的突发状况，帮助我们变得更加随机应变。

　　通过即兴表演，我们可以在面对观众时，玩得很开心。

　　玩得开心就是即兴演讲的最佳理由之一。

　　我们在公共场合演讲、表演、讲课的根本动机是什么？

　　或许你们大部分的人会说是为了工作。我们工作仅仅是为了挣钱吗？还是为了获得更多的东西？

为了分享和帮助？

就像是无私的奉献？

从剧院楼座[10]里传来一句非常响亮的话："我觉得这样做是为了展示我自己！"

好吧，这也是一个理由。但是更重要的是我们要观察自己希望被展示的需求是什么，这是最终的理由。

当我在第一幕给你们提出七个最普遍的问题的时候，我问过你们：我为什么在这里？

问这个问题的目的是，你所做的事情要具有一定的意义。

通过回答这个问题，我们能更好地了解自己。哪怕是一些轻浮、世俗的回答，我们也可以从中观察到自己身上最隐蔽的一面。

我为什么在这里？

你们用最开始想到的答案来回答，然后在旁边写上当你感觉满足时的感受。

---

[10] 传统的剧院楼座是处于剧院最高层的观众席，也是视线最不好的位置，因此那里的票更便宜。

首先我来说出我的答案来作为范例，之后当你们觉得合适的时候，你们就来说出你们的答案。

我为什么要站在舞台上？

为了挣钱。赚到钱，我就能满足自己的需求，觉得自己是有能力的。

为了别人能够认识我。当我站在别人面前时，我觉得我有掌控能力，这让我觉得我很强大。

为了和大家一起分享知识。这让我感觉我是一个有用的人。

其实我不太确定我的理由是什么。我就只是这样去做而已，这让我感到我的生活比较随心所欲。

这不是我所选择的。只是我工作中的一部分，这让我觉得自己是一个有责任感的人。

现在，我们在一张纸上写下五个词语，它们分别是"我为什么在这里"的一些结果：

有能力的，强大的，有用的，随心所欲，有责任感的。

"需要五个吗？"埃琳娜的朋友努利亚问。

来吧，努利亚，最少三个。你想写什么就写什么。写出所有想到的。

　　埃琳娜做了一个飞吻。

　　现在，我们用这五个优点，想象自己是另一个人。这个人可以是真实的，也可以是虚构的。这个人很有能力，或者很强大，或者很有用，或是随心所欲，又或是有责任感。

　　"琼恩·雪诺，《权力的游戏》！"埃琳娜的另一个继女布兰卡说。
　　在场所有人都笑着鼓掌。

　　是的，这是一个很好的人选。我觉得他符合这些品质，你们不觉得吗？

　　"觉得！"所有人回答。

　　无论怎样，布兰卡说对了，我们再来想些其他的。

　　"河里的水。"有人说，"水可以发电。河水很强有力，因为它可以打磨很多硬的东西，比如它冲刷过的那些石头。它很有用，因为它可以解渴，可以灌溉农田，不停地流动，显得它具有责任感……到这里我不知道还有些什么。"

"好吧，水还是很多生命的生存所需，这一点经常被我们忽略。"他旁边的人说道，"虽然不是同一个意思，但也可以作为选择。"

好的，我们来做一个练习，以便给"我为什么在这里"一个更广泛的回答。我们用另一种视角、另一种眼光去看待。我们赋予它另外一种意义。这些我们大脑闪现出的人物、事物，对于你们来说具有非常积极的含义。

其实，我们已经拥有那些人物的特质了，你会觉得自己曾经与那个人物有联系。

好了，现在轮到你们了：

🔔 找到演讲的根本动机

> 我为什么要在公众面前展示自己？
>
> 用你能想到的和最满意的感觉来回答。用很大的字写下来，把发生在你们身上的感受写下来。

> 想象自己就是拥有这些品质、属性以及能力的人。

　　从舞台布景中的一个大箱子里，走出了穿着毛茸茸衣服的琼恩·雪诺。

　　从观众席传来大声的、惊喜的欢呼声。

　　琼恩·雪诺走向了另一个大箱子，然后用力拉开，从箱子里流出了瀑布。埃琳娜跑着爬上其中一个最高的箱子，避免被大水冲走。几秒钟后，瀑布变成了一条湍急的河流，从舞台这头流到了另一头。琼恩·雪诺从左边奋力地游过去。

　　观众起立，报以雷鸣般的掌声。

　　灯光熄灭。

演讲的舞台就是生活的映射

　　舞台空荡荡的。

　　灯光不充足，但很特别，光线是从舞台的两侧发出的。

　　传来埃琳娜的讲话声。

　　这是一个宏伟壮观的剧院，只需要踏上这里的舞台，整个人就能散发光芒。

　　我登台开始了我的第一个表演。首先来了一段独白。一切都进行得非常顺利。

　　然后出来一些演员，他们站在我的旁边，用眼神和肢体语言和我交流。等我的演讲结束，就该轮到他们的大合唱了。

　　我觉得我和其他演员都能同观众进行很好的交流，整个剧场的观众反应都很热烈。

　　当我的演出结束时，在演出伊始出现的那些演员又重新登上了舞台。

他们的入场对于观众来说有些出人意料，因为他们明显打断了现场原本的表演，这引起了观众们很大的注意。

军长领着一列军队入场了。

现场出现了盔甲的声音和明亮的灯光。当他们要开始表演时，军长开口仿佛要说些什么，几秒钟之后又闭嘴了，又准备开口，然后又闭嘴了。

我意识到现场出了状况。

终于他开始讲话了，虽然他的台词并不是事先准备好的。他说：

"天啊！我不知道我应该说些什么。不介意的话，我就先退场了。"

说到做到，他转过身，给舞台后面以及他的军队做了一个退场动作。

我整个人都呆住了。在场的所有演员也都惊呆了。这个意外就像是早就准备好的。

紧接着，观众们爆发了雷鸣般的掌声。观众们觉得他们正在享受一个唯一的、独特的演出。

当演员再次入场的时候，一切都进展得非常顺利。演出也继续有序进行。

演讲时突然忘词了应该怎么办

遇到这样的情况，我的建议是注意自己的呼吸。当事态的发展不由你掌控时，你能做的只有不断地回想你的台词。因为当你紧张时，你的大脑容易一片空白。

你可以想一些能令你远离困扰的事情，把你的思想分散开，不要再去纠结那些想法。例如，我们在之前提到过很多次的，把你的注意力放在你的呼吸上。

用心感受空气是怎样吸入鼻子的，怎样填满你的肺，怎样从嘴巴里慢慢吐气，嘴巴轻微张开（同时呼吸）。

做两三次就足够了。

克服交流时的恐惧

当她快讲完最后一个故事时，她在舞台上从容不迫地边走边讲。

当我们开始进行自我认知，提高自己的安全感和自信心的同时，我们也在提升自己。这是一种人际关系，是一种自我与自我的关系。

还有一种人际关系，是发生在两人或两人以上之间的关系。

当我们在和别人交流时，两种类型的关系就会出现。

第一种人际关系的交流是无意识的。

这两种类型的人际关系是紧密联系在一起的。

如果我接受自己、爱自己、尊重自己（我知道这听起来很奇怪，自命不凡的人才说"我爱自己"，但是就是这样的），就更加容易接受别人、爱别人和尊重别人。

这样恐惧感就会减少。

就像克里希那穆提所说："只要有恐惧，就不会有爱。"

可以这样说，在每一个自我不适感后面，都有恐惧感在作祟。

恐惧感是自然的，是生命的一部分。

但是我们要理解这些恐惧的原因，并自然地接受它们。

我们不能任由自己卷入到这样的负面情绪中，被恐惧支配。

思想生活在线性时间里，它总是由过去走向未来。

然而，情绪总是发生在现在。

在我看来，真正的挑战并不是没有恐惧地生活，而是我们不被恐惧所支配、强迫和打扰。

当恐惧出现的时候，我们有能力去发现它。

我有这样的感觉，恐惧是有发生频率的，就像快乐一样。

因此，我们可以调节恐惧发生的频率。

我来给你们讲一个小故事。

一段音乐响起。

灯光还是昏暗的。

从前有一个男孩。

有人告诉他："你永远不要打开这扇门。里面有妖怪，如果你打开了，妖怪会把你吃掉。"

从此以后，每当小男孩走过那扇门时都会感到恐惧。当他看见那扇门的时候，他感到恐惧；当他没看见那扇门的时候，他害怕妖怪可能会逃出来，埋伏在某个角落，突然把他吃掉。

他开始害怕走过任何一扇关闭的门，因为他总是想起那个妖怪，以及那扇门给他带来的恐惧感。

这让他总是感到不安和害怕。

直到有一天，他终于鼓起勇气，决定打开那扇门。他发现里面仅仅是一个房间，里面存放了很多他爷爷的工具，他爷爷以前是木匠。他的父母担心他进去搞破坏，或是发生什么意外，宁愿用欺骗的方式让他不要靠近那扇门，而不是跟他讲解乱动那些工具的危险性。

这种情况经常发生。由于别人的恐吓，我们没有勇气"去打开那扇门"，因此我们对这种恐惧产生了很多幻想。

或者是我们宁愿相信有"妖怪"，也不愿相信"工具可能会带来危险，但是如果使用得当，工具也可以有很大的用处"。

让自己充满能量的练习

我们来做最后一个练习，让自己感觉充满了能量。

观众席又开始倾斜，直到和地面平行。灯光开始呈现出光辉，就像篝火一样冉冉升起。

闭上眼睛，然后选择一个合适的姿势。

做一个深呼吸，使空气充满你的整个肺部，直到使你的腹部隆起。

如果你觉得可以的话，把你一天中的烦恼和压力全部抛到脑后。

此时此刻，你感觉非常放松。

想象一下你自己充满了能量，能量集中到了你的头顶上。

你能够感受到头顶有轻微的压力、热量以及舒适的震动。如果你什么都没有感受到，那么请想象一下。

用几秒钟去确定一下你的感受是什么……

现在，开始想象你把这些能量从上到下移动，用你喜欢的速度，把能量从头顶移动到你的脚跟，再从脚跟移动到头顶。

你的身体因为这些流动的能量而恢复活力，你也会感受到这些紧张感被带走了。

让我们这样持续几分钟。

几分钟过后，只能听到类似篝火发出的噼啪声。

现在，你把这些从上至下的能量延展开，然后想象一下你正在被光圈包围着，被一种磁场包围着。

然后，你可以在脑海里创造一个你喜欢的任意场景。

能量就在你的身边，你能够感觉到这样的磁场在不断地扩大。

想象你的能量运动，就像脉搏一样，或是像海浪一样，是有节奏的。

当你感受你的力量的时候，你的力量就会延伸得更远，同时增强了你的安全感，使你变得更加强大。

让自己慢慢感受一会儿。

几分钟之后，重新做一组这样的练习，让你的能量从上至下地运动，你会发觉这一次比上一次更轻松。

轻轻地挥手，用力地深呼吸，再休息一会儿，想睁开眼睛的时候，你就睁开。

现在你们感觉好点了吗？

"好多了！"观众们回答。

那些声音很轻柔，但是很坚定。

你们有任何问题或者疑惑吗？

一位观众用低沉的声音提问："我很费劲地才能感受到一些东西。我能够想象我的能量在我的身体里从上至下，但是我不能看见你所说的东西。不过我现在感觉非常地愉快和轻松，更加有活力了，就像锦葵花一样柔软，像新电池一样充满能量。"

非常感谢你。你所说的这种现象时有发生。

对于一些人来说，某个具体的感受在刚开始练习时是很难感知的，但是这种练习带来的效果是最重要的。

这种练习可以在家做，更有助于放松。

当你在准备演讲之前，也可以做这样的练习。你们会感到更加放松，注意力也更加集中，同时充满能量。这种练习可以坐着或者站着进行。

如果你们站着做，尝试着保持平衡，双脚站稳，或者靠着某些东西。因为当闭着眼睛的时候，人很容易失去平衡。

灯光和声音都消失了。

观众席的座位慢慢地恢复到之前的位置。

舞台陷入黑暗。

演讲即是生活

随着几盏微小的LED灯把舞台照亮，观众席的椅背也开始慢慢立直。

当观众席位的椅背完全立直时，舞台的布景完全改变了。现在的舞台比之前的舞台大四倍，而且上面站满了人，他们都围着埃琳娜。

我邀请了生命中对于我来说很重要的人和我一起登上舞台。他们是我的丈夫、我的儿子、我的继女们，还有一些朋友。

　　我的兄弟姐妹，还有我丈夫的哥哥，我的侄子和其他家人也在我旁边。他们都在我的生命中陪伴着我，爱着我，尊重着我，支持着我。

　　在我每一次公开演讲时，他们都无时无刻不在支持我做我自己。

　　人生而孤独，但我认为孤独只是一种幻觉。

　　"我们是孤独的个体，站在同一条战线。"你们还记得这句话吗？

　　舞台慢慢下降，而观众的座位开始慢慢上升，边界开始慢慢消失，直到形成一个完整的空间。

　　演讲像不像是我们生活的映射？

　　是的，很像。我们在演讲时的行为、对待他人的方式、对我们错误的重视、在任何场景下的应变能力，就像我们对待生活的方式。

　　20多年来，我一直在教授情感健康的课程。不久前，我突然意识到，还可以教给大家有关演讲的内容。

　　这些内容涉及并超越了个人极限，激发创造力和想象力。通过体现不同的个性和现实，促动同理心和观察力。

自我认知是非常重要的，这让我们提高了安全感和自信心，提高了思维水平。

情绪是可以观察出来的，所以请认真观察，以便我们远离不好的情绪。

改善沟通方式，改善肢体语言。

生活就是一场即兴演讲。通过学习和训练，让自己以更自然、更流利、更正确的方式去演讲和生活。

学会该做什么就做什么，接受它，适应它，并能够重新开始，这就是很大的进步。

演讲改善了社会关系，也让人们学到一些与人沟通的技巧。

在演讲中好好享受。**因为这个世界是美好的。**

现在我被观众的目光所包围，而我能轻松地向他们展现我自己，也能轻松地展示对演讲有用的东西，展示对观众有用的东西，展示对生活有用的东西。

灯光亮起。

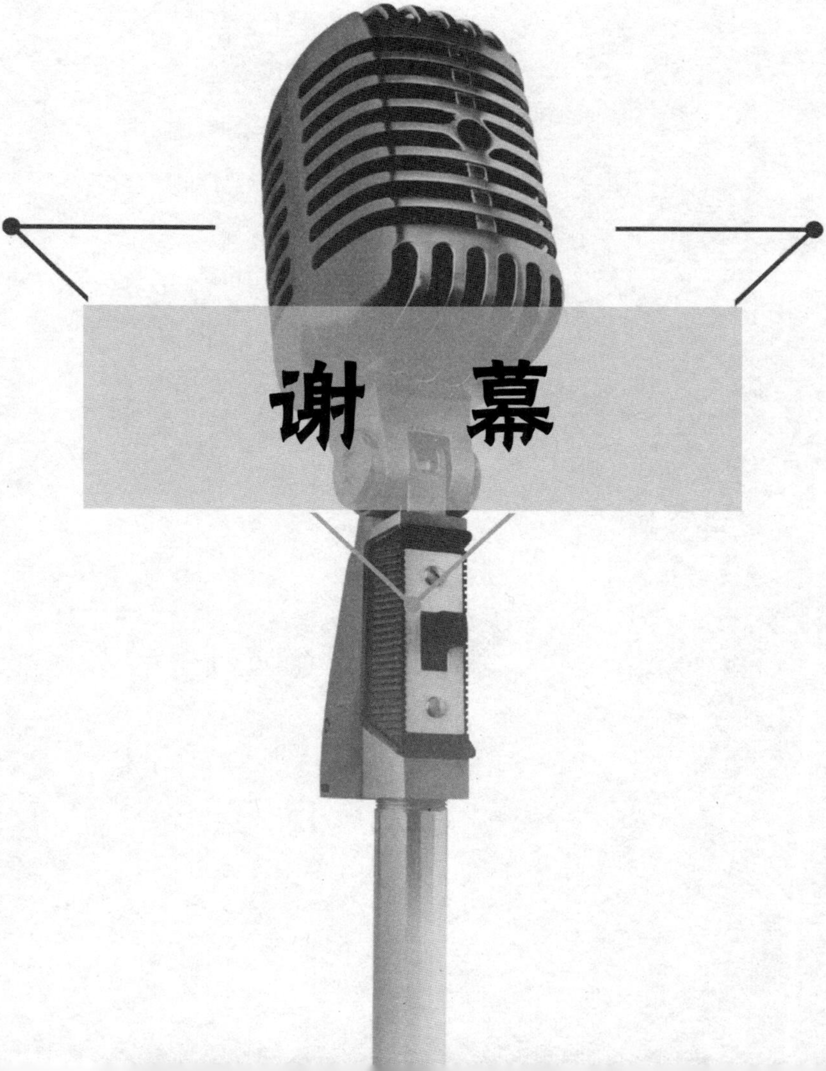
谢幕